# 生きかた上手

新訂版

JN155707

日野原重明

ハルメク

# 新訂版に寄せて

この『生きかた上手』が世のなかに登場したのは２００１年、私はまだ90歳でした。それからの日々は、生きる加速度が増すようでした。

いまも私は毎朝病院へ出勤し、聖路加国際メディカルセンターの理事長職のほか、回診も行っています。また、この国の教育制度の改善にも力を注いでいます。患者さんの痛みに深く共感できる医師や看護職を育てられる教育システムを整えたいと、私が動き始めたのは院長に再就任した80歳のときで、現在も進行中です。

２０００年に私が立ちあげた「新老人の会」も新たな展開を見せています。この会は、新しいことに挑戦し、若い世代と交流しようという意欲あふれる〝新老人〟の集まりでしたが、いまは20歳以上60歳未満の人でも加入でき、「フェイスブック」を活用してさらに動きは広がっています。1万２０００を超える〝新老人〟が新しい情報機器を駆使して、互いに手を取り合おうとしているのです。

また、子ども時代にいのちの重さを知ってほしい、その願いからいまも私は、10日に一度は全国の小学校で「いのちの授業」を行っています。私が子どもたちと過ごす時間は45分間ですが、いじめをなくさせることやいのちの意味を学ぶ、その時間を経験した子どもたちが、やがて男性や女性の実業家、医師、社会事業家などになることを想像してみてください。日本を牽引《けんいん》する人材が、いのちを大事に思う人ならば、この世のなかはもっと希望がもてるものとなるでしょう。

これらの挑戦は、道半ばで私自身はこの世を去ることになるかもしれません。それでよいのです。私がいつも引用するブラウニングの「小さな円を描いて満足するより、大きな円の、その一部分である弧になれ」という詩のとおり、誰かが私のビジョンを引き継いで、いつの日にか大きな円を完成してくれれば、それで本望なのです。あらためて読み返してみると、私が90歳のときに語っていたことは、100歳を超えたいまも通用する普遍的なメッセージばかりでした。あなたの生きかたがより希望に満ちたものとなるよう、この本がお役に立てば幸いです。

もくじ



## I 何事もとらえかた次第

## II 長生きはするもの



## III 寄り添って生きる

## IV いきいきと生きる



## V 治す医療から癒す医療へ

## Ⅵ　死は終わりではない

## 100歳を超えて、私が願うこと。

冒頭でお話ししたように、私の毎日は驚くべき密度と速度で飛ぶように過ぎ去っていっています。このようにアクセルがかかったのは、思えば、この本のもととなっている月刊誌『いきいき』で連載を始めてからです。読者である中高年の方々にメッセージを送りたいという気持ちが、私に刺激を与えてくれ、いまだに息切れもしないで日々を過ごせるのです。

90代の私の日々は、土日ほど忙しく、就寝時間も午前2時なら早いほう。1時間しか眠らない日もざらにありました。さすがに100歳というハードルを越えてからは、睡眠時間を長くとるようには心がけています。

でも、睡眠時間が長かろうと短かろうと、私はいまでも、朝になれば、新しい

1日の始まりを喜んで迎えることができます。このように、すがすがしい気持ちで朝を迎えることができるうちは、私は自分を健やかであると感じ、幸福感でいっぱいになります。がんであるかどうか、血圧が高いか低いかではなく、この幸福感を感じられれば、健康であると言えるのだと思います。

私の1日は、牛乳とオリーブ油、バナナ1本という軽い朝食を食べたあとは、夕食までフル回転。お昼休みにちょっとビスケットをつまんで牛乳をいただきますが、それすらとる時間がない日もあります。病院にいるときは回診や会議、取材などがひっきりなしですし、病院にいないときは講演会や会合で日本各地、世界各地を飛びまわっています。

独楽《こま》は激しいスピードで回転していますが、まるで静止しているかのように芯がぶれないでしょう。私も、患者さんにふれたり、俳句をつくったり、合唱を指揮したり、医学教育の改革に乗り出したりと、実に激しく活動していますが、心は非常に安定しています。もうずっとこのような調子で過ごしてきました。

いったいいつまでこの状態が続くのだろうかと思います。

いつかは私にも人生最後の日が訪れるでしょう。私がイメージする〝最後の日〟は、地平線のかなたのような平面ではなく、独楽のように回転しながら45度上方に向かって進むような、三次元の世界なのです。一瞬前よりも上へ上へと向かっていく――人生の終わりというと、静止した状態を想像しやすいものですが、私は、上方に向かって無心にまわり続けている自分しか考えられません。

具体的に何をするかと言えば、つねに新しい人や本、ことば、絵、音楽などに出会うことです。新しく経験することをためらったり、もう齢《とし》だからと億劫がったりせず、ただ素直に受け入れて行動する――思えば、私は若い時分からずっとそうしてきました。いつもいつも、新しいことへの興味は尽きませんでした。

若いころと齢をとってからとでちがう点はと言えば、その〝新しいこと〟が、誰かのためになるように意識してきたことでしょうか。

この本でもふれますが、私は、58歳のときに経験した「よど号」ハイジャック事件で九死に一生を得て以来、「与えられたいのちをどのように生かすか」ということを使命のように考えて生きてきました。100歳を超えたいまでもその思いは変わりません。むしろ、できるだけ多くの人のために時間を使うように、ここまで生かされてきたのだと思っています。

私は医師です。

医師ですから、寝たきりの患者さんや終末期にある患者さんの苦しみや悩みに向き合うなかで、「いのち」をどのように使うべきかを考えます。そしてゆき着いたのが「いのちとは、与えられた時間である」ということです。

人がみな、かぎりある時間を自分一人のためだけでなく、誰かの役に立つように使えば、時計で測ればたった1時間のことであっても、その時間の質ははかりしれないほど高く、深い意味のあるものとなるでしょう。そうした人が一人でも多く存在すれば、それだけこの世のなかは美しく、生きる甲斐のあるものになるでしょう。そんな世界になることを、私は心から願っているのです。

この本は、２００1年に刊行された『生きかた上手』（ユーリーグ）を新装改訂したものです。

巻頭の「新訂版に寄せて」「１００歳を超えて、私が願うこと。」と巻末の「１００歳を超えて、なお生きる。」は新たに書き下ろし、「なぜ医師になったのか。どんな医師だったのか。」は大幅に修正を行いました。

13頁から２０８頁までは初版時の原稿を生かし、年数の表記などもそのままにしています。

# I

# 何事もとらえかた次第

きりのない願望が、
あなたを
しあわせから遠ざけます。

## 不幸には過敏、しあわせには鈍感

人生に問題をかかえていない人などいないものだなと、日々患者さんを診察しながら思うのです。他人がうらやむような家庭や地位や財産をもち、まさに人生の成功者と見受けられる人にも、はたからはうかがいしれない悩みや苦しみがあります。

病気をきっかけにして私と出会ったその日から、私的な事情の一切を私には隠しておれなくなってしまう患者さんも多いようです。

「他人には言えませんが、先生にだけはお話しします」

と語られる話には、まるでそのご家庭に、玄関からではなくお勝手から上がり込んでいるような錯覚を覚えますが、医者だからこそ与えられた特権だと感謝して耳を傾けます。

そのようにして今日まで、うかがったさまざまな人生の辛苦を自分が経験したようにも感じてきましたから、私の年齢は実際の90歳どころか、何百歳も生きてきたような気さえしてきます。

さて、患者さんはたいてい、

「私ほどの不幸者はいない」

と話を結びます。

そこで、私は何百歳分の人生を振り返って、

「あなたの苦しみは、どん底の苦しみの10分の1くらいでしかないでしょう」

と、出会った方のなかでも本当に胸が痛むようなつらい人生を送られた方の話をしてさしあげるのです。

他人と比較して自分のほうがましだと思うのはさもしいことのようですが、それでも悩みの渦中にある当人には気持ちを切り換えるきっかけになります。

人はえてして自分の不幸には過敏なものです。小さな棘《とげ》が指に刺さったくらい

のことであっても、自分の不幸となると、その10倍20倍にも痛みを感じます。不幸を実感するのはたやすいのです。

では、不幸がなければ幸福なのかと言うと、決してそうとは言えません。誰しも幸福を望みますが、それを実感することにおいてはきわめて鈍感です。

## しあわせは目的ではなく、結果でしかない

はたして幸福とは何でしょうか。

そこで思い出すのは、高校生のときに読んだスイスの哲学者カール・ヒルティ（1833~1909）の『眠られぬ夜のために』の一節です。彼はこう言っています。

「人生の幸福は、困難に出合うことが少ないとか、まったくないとかいうことにあるのではなく、むしろあらゆる困難と戦って輝かしい勝利をおさめることにあ

る」と。

若いころの私は、このことばに何度も励まされ支えられました。まるで自分に投げかけられたことばのように感じていたのです。

けれど、あれから年を重ねた私は、いまの私にもっとしっくりなじむことばに出合いました。

その著書『夜と霧』にアウシュビッツ強制収容所での日々をつづった、ユダヤ系オーストリア人の精神医学者ヴィクトール・E・フランクル（1905～97）のことばです。

彼はヒルティよりずっと控えめです。

「しあわせはけっして目標ではないし、目標であってもならないし、さらに目標であることもできません。それは結果にすぎないのです」と。

幸福は、求めて得られるようなものではない。結果として与えられるにすぎない、と言っているのです。生きかたや習慣は意思によって獲得できますが、幸福はそうはいかない。あくまでも心の状態を言うのです。それも、瞬間的な快楽や、若い男女の恋愛における幸福感のようなものではなく、むしろ、もっと持続した心の平安こそがその本質であるような気がします。

小学5年生のときに『青い鳥』のチルチルを演じて、いまだに台詞《せりふ》のひとかけらをそらんじている私は、当時から「しあわせは外にではなく、心の内にある」という、この戯曲の主題を理解しようと努めてきましたが、いまにいたってなるほどと深く合点するのです。

## 人は本来、どんな不幸にも耐えることができる

さて、心の平静は、避けようのない災難によってしばしば脅かされます。人はそれを不運、不幸と呼びますが、本当の不幸は災難それ自体を言うのではなく、災難を契機に、一切の望みをもてなくなってから始まるものです。

前述のフランクルは、強制収容所で妻子も失い、死んだほうがましだと思える極限状況を生き抜いた末に、

「収容所に入れられたのは不幸であったが、なおも私はしあわせだった」

と言いました。

人間は本来どんな不幸にも耐えることができる、さらに逆境のもとでしあわせを実感することも可能だ、と私も思います。ひとえに希望のなせるわざです。

希望とは可能性を信じること。いまは嵐でつらくても、厚い雲の向こうにブルースカイがあることを信じて、雲が晴れるのを静かに待つ心もちに似ています。あきらめではなく、控えめなのです。それでいて希望は、それがどんなにささやかであっても、その人の心を明るくするのに十分です。

## 死の近い人にこそ、生きる希望が必要

だからこそ、死が近い人たち、絶望の淵にある人たちに希望を与えることはできないものかと、私はホスピスでの回診にことのほか心を砕きます。

8年前、神奈川県平塚市郊外に建てたホスピスを、私はときどき訪れます。ここでは日本中のどこよりも早く季節が巡ります。建物のいたるところを飾る京都の百景の絵が、つねにひとシーズン先のものだからです。春には早くもまばゆい深緑が、夏には紅葉する山々が、秋には白銀の木立が、そして冬には満開の桜が壁一面に広がります。

病気の進行から見れば、たとえば患者さんが秋の紅葉を見るのは無理かもしれない。けれども、患者さんの心のなかにはいままでに過ごしたさまざまな秋があります。紅葉の絵を見て、患者さんに「あの秋をもう一度」と待ち望む気持ちが

湧いたなら、その気持ちが今日一日を生きようという希望につながるかもしれません。人は最後の瞬間まで、生きる希望に支えられるべきなのです。

ところで希望を与え上手な人もいるものです。

深刻ながんで聖路加《せいルカ》国際病院に入院していた母親の病室を、ふだんはもたないような大きなバッグをかかえて娘さんが見舞いに来ました。看護師長はその様子を見るやピンと来たようですが、とがめもせず、気づかないふりをしました。

バッグの中身は、持ち込み禁止の〝犬〟だったのです。

入院以来、可愛がっていたペットにふれることもできない母親に、せめてひと晩だけでもペットを抱かせてあげたいと、娘さんは思いついたわけです。無論、犬が吠えればそれまで。決死の覚悟の見舞いだったことでしょう。しかし、まちがいなく、死に瀕して絶望していたお母さんの心に希望を与えたはずです。そんな娘をもったことを、母親はどんなにうれしく思ったことでしょう。

## 身のほどを知ることが、しあわせへの近道

「希望」はあまり多くを望みません。いわゆる身のほどを知ったうえで望むのが希望というものですから、希望はほどほどのところで満足することを知っています。いまあるもの、あることに感謝し、「その半分でも満足です」と言える控えめさをもっています。それでいて、どんなに小さな希望も、十分にしあわせを与えてくれます。

同じ「望む」というのでも、ないものを無理にでも手に入れようとする「願望」とは大ちがいです。

「願望」は欲深で貪欲なのです。子どもを一流の大学に入れたい、一流の会社に入れたい、金持ちになりたいと、願望は際限なくふくらみます。

しかし、自分や子どもの能力を顧みずに高みを望んだところで所詮むなしい望

みに終わるものです。その非を自分に求めようとはせず、あの人がこうしたからできなかったと人を憎み、あるいは社会を呪う。こうして心はすさむばかりです。

病や事故、災難に見舞われても、あるいは人と比べて能力や財力が劣っていても、自分に与えられた現実を受け入れることができたなら、それはなかば希望を手に入れたようなものです。身のほどを知ることは、希望を手にする第一歩なのです。

私たちは、願望のなかに生きるのではなく、希望のなかに生きたいものです。なぜなら、幸福はそこにあるからです。

健康とは、数値に
安心することではなく、
自分が「健康だ」と
感じることです。

## 基準値・平均値にはアバウトでいい

健康を維持するのは、めいめいの努めです。健康診断を活用するのも結構です。からだの状態を客観的に把握できますし、自覚症状のない病気を早期に発見できるかもしれません。けれど、検査データに一喜一憂する必要はありません。もっと大雑把でいい、アバウトでいいのです。

基準値や平均値に私たちはとらわれやすいのですが、基準はあくまで「目安」であって、あなたの「最適値」ではありません。

しかも、基準というものは変わるのです。

かつて100mg／dℓより高い数値がでると糖尿病が疑われた血糖値は、20年ほど前に110mg／dℓになり、先ごろ126mg／dℓにまで引き上げられました。いままでは、糖尿病への危険性を、あまり縁のない人まで真剣に気づかっていたというわけです。

高齢者の定義にしてもそうです。40年ほど前は55歳で「老人」と呼ばれましたが、診ている医者たちが55歳に近くなると、「いや、60歳くらいが妥当かな」と。さらに医者が60歳を迎えるようになって、「いやいや、65歳からだろう」と。いまに高齢者の境は70歳になって、20年先には75歳になる、と私は見ています。

基準は絶対的なものではありません。「65歳を過ぎたから、もう老人だ」と、自らの老いを認めてしまわないことです。「コレステロールはここまで抑えなきゃ」とか、「これはこうでなくちゃ」と健康基準なるものにがんじがらめになるのも愚かしいことです。

数値にあまりふり回されないのも、生きかたのコツのひとつです。

## 医学が進歩するほど、病人が増えていく矛盾

誰しも、病気一つせず、若いころのままの体力を維持したいと望みますが、それは日ごとにむなしい望みに変わります。どんなに健康維持に心がけても、からだは老化し、病気にもかかりやすくなります。それが、朽《く》ちるからだをもった私たちの定めです。

心身に欠陥がないことを健康というのであれば、「健康」と太鼓判を押せるのは、生まれたての赤ちゃんくらいなものです。

健康を抜きにして、いきいきと生きることはかなわないのでしょうか。そうであれば、私たちは生まれた瞬間からお先まっ暗です。さらにこの先医学が進歩して検査機器の精度が上がれば、より小さな欠陥や異常があらわになる。そうなると、赤ちゃんの健康もあやしいものです。悲しいかな、医学が進めば進むほど、

病人が増えていくばかりです。

けれど、検査機器に「病人」と判定されようとも、私たちはいきいきと生をまっとうすることができます。健康であることと、内的に健康感をもっていることは別なのです。ここを、医者を含め私たちははっきりと分けて語るべきでしょう。

90歳になる私の心臓を念入りに調べたなら、動脈硬化はあるに決まっています。それでも私はどんな朝も爽やかに目覚めます。すがすがしいほどの健康感があります。それで十分であり、それこそが大切なのです。

暑ければ暑さに順応する。睡眠時間が足りなくても、いまが踏ん張りどきなら、気力で乗り切る。ストレスを受ければ、それを上手にかわす術を見つける。年をとったためにからだの動きに支障が出てきたら、そのことに注意をして行動する。

あなたの置かれている環境や状況はそのときどきに変わります。その変化に自分を上手に適応できることは、健康であることの一つの証《あかし》です。健康はつねに変わらない状態を言うのではなく、個々人にその対応が任された、応用自在なものであるべきなのです。

きのうのあなたと今日のあなたがちがうように、健康もあなたとともに姿を変えます。環境の変化を読む熟練した舵取りは、医師ではなく、あなたのことを一番よく知っているあなたが取るべきだということを忘れないでください。

## 小倉遊亀先生にふたたび絵筆を取らせた「気力」

元気というのはあくまで「気」がもたらすもので、たとえばカロリーではありません。

私の朝の食事はコーヒーとジュースだけ、昼も牛乳1本とクッキーですませることがほとんどです。まるで水分だけで生きているようです。

食べなきゃ元気が出ない、というのは気のせいで、気持ちに張りがあれば元気でいられます。どこかでまとめて食べてもいいのですから、「こうでなきゃ」とあまりからだのことに杓子定規《しゃくしじょうぎ》にならないことです。

困ったことに、医者というのも、からだという器の出来ばかりをとやかく言いがちで、なかなかアバウトになれないものです。ことに若いと、教科書どおりに患者さんを厳しく指導します。けれどお年寄りに「これをやめなさい」「あれを減らしなさい」と生活をきつく制限すると、見る間に気が萎《な》えてしまいます。生活の質まですっかり落ちてしまいます。

105歳で亡くなられた日本画の小倉遊亀《おぐらゆき》先生を、私は主治医として毎月1回往診していました。小倉先生は非常に血糖値が高いために、医者から再三「血糖値を下げるように」と言われていましたが、そのうち元気がなくなられ、絵を描くこともなさらなくなりました。そこで、私が代わって往診することになったのです。

まず私は先生に、

「そんなにきつく制限なさらずに、ときどきは甘いものをどうぞ」

と、申し上げました。

往診のたびに、先生は私にお菓子をすすめられました。きっとご自分も召し上がりたいはずですから、私はひとついただく。と、先生もひとつ召し上がる。そうして満足なさるわけです。

血糖値は依然として高かったのですが、一度は置いた絵筆を、またお取りになりました。まさに健康感をもった生きかたです。ですから、血糖値のことはもう強く申し上げないことにしたのです。

「健全なる精神は健全なる身体に宿る」ということばはよく知られていますが、原典を調べてみると、ローマの詩人ユヴェナリス（50頃～130）による、「健康な身体に健全な精神を宿らせ給え」という祈りのことばであったようです。からだが健全だからといって、そう簡単に健全な精神がついてくるわけではないのです。健全な精神はやはり得がたい。けれど、肝心なのはからだより健やかな精神、あるいは魂というのが本来の意味です。

老化によるからだの衰えや、不幸にして治る見込みのない病に見舞われても、私たちは、「欠陥があるにもかかわらず健やかである」という生きかたを求めていくべきだと思います。

# II

# 長生きはするもの

老いとは衰弱ではなく、
成熟することです。

## 75歳になったら、晴れて「新老人」

２０００年秋、私は「新老人運動」を旗揚げしました。

20年後の２０２０年には、日本人の４人に１人が65歳以上になると予測されています。これほどの爆発的な高齢化は、世界中のどこにも前例がありません。

そこで、「新老人運動」です。高齢者の権利を守ってもらおう、手厚く擁護してもらおうという運動ではありません。

年寄りにしかできないこと、年寄りだからできることを、年寄りの使命として、年寄りの手で、実現させようという運動です。

日本は豊かだ、おまけに世界一の長寿を約束されていると、このままのんきにあぐらをかいていたら、日本の未来はどうなることでしょう。考えただけで私は身震いする思いです。その軌道修正ができるのは、年寄りをおいてほかにない。

多くのお年寄りを巻き込んで、一大ムーブメントを起こしたいのです。

資格は、「新老人」と呼ぶにふさわしい、満75歳以上の、心身ともに元気な老人です。仕事やボランティアで、もてる能力を社会のために使っている、あるいは使える機会をうかがっている、いまだ現役志向の人にかぎります。どんなに元気であろうと、子や嫁の世話になることだけを期待している人に、この資格はさしあげられません。

世の中では一般に、65歳以上を「高齢者」と呼んでいますが、私から見れば、65歳はまだまだ若い、元気であって当たり前です。75歳を過ぎてもなお元気であり続ける人の、その生きる知恵とパワーを結集しましょう。年齢に満たない方は、どうぞ75歳を迎える日まで、ご自分で心身の健康維持に努めてください。

## いいものはいい、わるいものはわるい、とはっきりものを言う憎まれ役に

いま75歳以上の人は、20歳のころ、男性は兵士として、女性は家族を守りながら、戦争下に生きた人たちでもあります。あの戦争体験がただの「歴史」となってしまう前に、本当のことを次の世代に語り継がなければなりません。それは、私たちに課せられた使命、いや、義務なのです。

これまでも幾度となく私たちは語ってきましたが、何度語ろうと、戦争体験を「過去」の一事件として語っていてはだめです。それでは伝わらないのです。戦争があり、どん底の戦後を生き抜いて、その末にいまの私があるという、連綿と息づく文脈のなかで語らなければ意味がありません。

戦争は二度とあってはならない。けれど、あのまちがいも含めて私たち老人は

多くを学んだはずです。天と地ほどの差のある、戦後間もなくの生活といまの生活を実感として比較することも、私たちにはできます。それは生きる知恵です。

物質的な豊かさを追い求めるうちに、何がいいことで何がわるいことかの判断力さえなくしているようないまの世の中に、警鐘を鳴らすことができるのは、私たち老人しかいない。いまなら、まだ間に合います。

時流にそぐわないと渋い顔をされようとも、日本の、あるいは郷土のよい文化や習慣は取り戻す、あるいはかたくなに守っていかなければなりません。むしろ、よい文化なら世界に広めよう、というくらいの気概で臨んでほしいものです。

たとえば、子が親の面倒をみるという文化は、日本が他に誇れる最たるものだと、私は思います。すべてをお金で解決しようとする国にはない、実に美しい親子の関係です。

もちろん負担は並々ならぬものですし、しわ寄せが誰か一人に及ぶのならば問題ですが、子が親の老後をみることが双方にとって喜びとなるのなら、どうして家族が老親の世話をしていけないことがあるでしょう。そのことに当の老人は気づいていながら押し黙っている。そんな遠慮なら、すべきではありません。

## まちがった文化を外に出さない最低限のモラルを

誇れる文化がある反面、日本の家庭は崩壊寸前、家族の絆は希薄になりつつあります。父親不在、場合によっては両親不在の食卓を、仕事だからやむをえないと放っておいていいのでしょうか。

わるいものはわるいと指摘する憎まれ役も、この際、新老人が負いましょう。改めるための知恵だって提供しましょう。すぐに直せないのなら、せめてわるいものを日本の外にはもち出さない。これは人間としての最低限のモラルです。

一方、禁煙運動に躍起の国が、外国に大量にたばこを輸出している。自国の若者は守りながら、外国の若者の未来を滅ぼそうとしている。これと同じような自己中心的な行為を日本はやっていないと言えるでしょうか。日本のわるい文化は外には出さない。逆にわるい文化を押しつけられたら、断固として拒否する。そんな自粛と強さを日本にはもってほしいのです。その強さがいつの日か世界中に広まったなら、戦争など起こるはずはないと私は信じています。

## 戦後の貧窮、粗食も、健康にはわるくはなかった

かつてはあったよい習慣はほかにもあります。

非常につらい体験ではありましたが、こと健康においては、戦後のあの極貧、粗食もわるくはなかった。砂糖はもちろんのこと、塩も不足していた、たばこや酒もなかった、あのギリギリの生活が健康には幸いしました。

75歳を過ぎてもなお多くの人が健康でいられるのは、若いときに粗食を余儀な

くされたおかげであり、なおかつ、豊かな時代になってからも飽食に走らなかったからです。結果として、いわゆる生活習慣病と総称される、高血圧、脳卒中、心臓病、糖尿病、肝臓病、肺がんなどを回避できたのです。

健康な長寿は、若い日からの積み重ね。好きなものを好きなだけ食べているいまの若い人たちに、私たちと同じような、健康な長寿は望めません。現代医療の力を借りても、寝たきりの長寿が関の山です。

粗食こそが健康の基本。新老人は、その生きた証であり、新老人の長年のライフスタイルは、若い世代のモデルとなりえます。

## 便利さ、豊かさにあえてストップをかける

ぜいたくしか知らない若い世代とちがって、私たちはもののない生活も知っています。物質的な豊かさ、便利さ、高度さが必ずしも「善」ではないことを知っ

ているのは、私たちの強みです。

たとえば、飛行機で12時間かかるニューヨークまでの距離を、音速移動でわずか2～3時間に縮める必要はあるのか。私には弊害のほうが多いような気がします。高度すぎる文明は、人間の心を破壊しかねません。

極端な豊かさや便利さにストップをかけるのも、私たち老人の役目です。詩人ワーズワース（1770～1850）の言う「生活は簡素に、志は高く」を実行すべきは、いまなのです。

若い人に老人のパワーを見せてやりましょう。その気になれば、年老いてからでも新しいことは始められます。人間は生きているあいだに脳の3分の1しか使っていないという説もあるのですから、なおさらです。

私は90歳になりますが、いまだに現役で、創造力も行動力も若い人には負けないつもりです。いま75歳の人なら、私と同じ90歳まで、たっぷり15年もあるではありませんか。

「老人」ということばはストレートすぎるからと、最近ではもっぱら「高齢者」と呼ぶようですが、私はむしろ老人と呼ばれたい。それも新老人と。「老」という字は本来、尊敬される対象に使われてきたことばなのです。若い人に「あんなふうに年をとりたい」と思わせるくらいの老人になりましょう。尊敬を取り戻すためにも、老人自らが行動を起こすときです。

年齢は
勝ち負けではありません。
謙虚に、そして存分に
味わえばよいのです。

## がんに怯える知人への、医師らしからぬ助言

もう20年も前になります。吹雪の舞う石狩川の河岸に立って、私は知人を勇気づけることばを探していました。

「何か新しいこと、そうですね、絵でも描いてみたらどうです?」

唐突な提案に、彼は、

「絵なんてとんでもない」

と声を上げました。

「いや、きっと絵の先生と相性がわるかっただけなのですよ」

と、なおも説得を続ける私に、彼は「そう言えば……」と記憶をたどっているようでした。が、実のところ、並んで立つ彼は、私の目にも不器用そうにしか見えませんでした。

若いころから実業家としての才のあった知人は、当時、私より若い60代半ば。まだまだ大きな仕事に挑戦するつもりが、3度のがんに見舞われてからというもの、仕事が手につかない。がんの再発ばかりが気になって、私が勧めるわけでもないのに、忙しい仕事のなかに時間をやりくりして聖路加国際病院で繰り返し人間ドックを受けていました。

このまま放っておけないと思った私は、「石狩川は冬がいいのです」という彼のことばを思い出して、冬の北海道にその知人を訪ねたわけです。

主治医としての私は、万全の健康管理を約束して、がんへの不安をいくらか軽くしてあげることもできました。けれど、この先もがんの恐怖にとらわれて生きるのでは、まことに彼が気の毒です。実業家としての将来を断念しようというばかりか、人生を謳歌《おうか》する気力まで失いかけている彼に、なんとか生気を取り戻してほしい。

私はいたって大まじめでしたが、冒頭のひと言は、仮にそばで聞く人があったなら、さぞかし突拍子もない提案に聞こえたかもしれません。

けれど10年後、彼は絵画で賞をとり、銀座で個展を開くまでになりました。おそらく彼は、私の勧めに従ってすぐさま絵を描き始めるような心境にはなれなかったでしょう。絵筆を握るようになっても、「なぜこんなことをしているのか」と首をかしげることもしばしばだったでしょう。

それでもあえて未知の世界に身を投じたからこそ、一段と強い、新しい自分を再生できたのです。一作一作と描き上げるうちに、がんの不安が遠のいたであろうと想像できます。そして、80歳を過ぎたいま、彼は仕事でも現役であり続け、絵画にも専念する日々を送っています。

## 才能はいつでも、花開く日を待っている

知人は、ほかでもない自分の才能に救われました。まさか人生も後半になって

から、新しい自分を発見しようとは、本人さえ予想しなかったでしょう。

才能というものは、誰のなかにも無限に眠っていて、花開く瞬間を待っているのだろうと私は思っています。にもかかわらず、私たちは自分の可能性をことのほか低く評価してしまって、本来出せるはずの力に、いつも大きな余力を残したままなのです。

よくたとえにされますが、せっかくの才能という種子も、よい土壌に恵まれなければ、芽も出ず、花も咲きません。種の質も重要ですが、質はおしなべて上々、つまり環境次第ということです。

経済的な豊かさや育った環境、あるいは病身であるとか老齢である、というような外的な環境は、自分の意思だけでよくすることは困難ですが、内なる環境、いわゆる心のありかたは自分の努力でいかようにもできます。チャンスをものにする気構えがあれば、才能が開花する可能性は十分にあるというわけです。

## 死ぬ瞬間まで「人生の現役」

「現役意識」というものをもち続けることも大切です。仕事人あるいは子育てに奔走した家庭人として、現役引退のときは誰にもやって来ますが、生かされている最後の瞬間まで、人は誰も「人生の現役」です。その自覚は最低限もっておくべきです。「現役」とは、「いま」を生きることに、自分という全存在を賭けている人のことです。年齢や性別とは関係がありません。

アメリカ社会では、男女差別をしないのと同じように、年齢による差別をしません。あらゆる提出書類から生年月日を問う項目は削られていますし、たとえばハーバード大学には教授の定年制はありません。現状を見るかぎり、日本人より精神的に成熟していると思わざるをえません。

哲学者マルティン・ブーバー（1878～1965）は、ある日、年長の老師と語らったとき、その老師が「これまでの自分の考えをいっさい改めて、すべてを新しい目で見つめ考え直したい」と言うのを聞いて、驚きのまじった爽快さを覚えたといいます。ブーバーは「年老いているということは、もし人が始めるということの真の意味を忘れていなければ、本当に輝かしいことである」という真理にそのときふれたのです。生きているかぎり、新しい喜びを得ることに私たちはもっと貪欲であっていいと思います。それが若々しい老いかたというものです。

## いくつになっても創《はじ》めることを忘れない

年齢に臆《おく》して引き下がるような生きかたを、私はしたくありません。私たちのなかに隠された無限の才能は、毎日、引き出されるチャンスを待っています。そのチャンスに気づかず、行きちがってばかりいる人生で終わりたくはありません。

チャンスのなかには、喜びをもたらすものばかりではなく、試練と呼ぶほうがふさわしいものもあるでしょう。それでもなお、果敢に挑戦できるかどうか。未知なることへのチャレンジには、高みからダイビングするような勇気と決断がいります。自分の体力や気力を思うと、若い時分より、その高さは余計に高く感じられ、足がすくみそうになるかもしれません。

そうなると、自分を信じることだけが頼りです。たとえ老いていても、病んでいても、あるいは他人にそしられようとも、「私」が善いと思う方向に一歩を踏み出す「私」に、エールを送る強さが必要です。おそらくそれは頑迷さではなく、むしろ、生きるしなやかさだと思います。

自分を信じて挑んだ結果が失敗に終わることもあるでしょう。それでも、チャンスに賭けた勇気ある行動には、大きな意味があります。決してむだでもなければ、後退でもありません。精一杯に生きた足跡は、意義深い「過去」となります。「過去」は過ぎてなくなるわけではなく、「過去」としてあり続けるものだということを忘れないでください。

## 今日一日を精一杯、激しく生きる

一瞬が連なって一日となり、一年となり、一生となるのです。きのうと同じように過ごした今日であっても、きのうはきのうの一度きり、今日も一度きりの今日なのです。これほどかけがえのない今日を、失敗を恐れて無為に過ごすのは、あまりにもったいないではありませんか。

宇宙に向かって飛び立つロケットが、機体を切り離すたびに軌道を変えるように、人生の節目ごとに発想を変えて新しいことを始めてはどうでしょう。

すでに私の人生にも幾段もの節ができました。聖路加国際病院の再開発にあたって、常識をくつがえす1200億円もの壮大な計画を立てた10年前も、思えば、ひとつの転換点でした。無謀なチャレンジとの声もありましたが、いま、手にしている成果は十分に大きいものがあります。

仕事の分野ばかりにとらわれることもありません。定年が間近、あるいは子育ても一段落というのなら、見知らぬ世界に飛び込むには、まさに好機です。この先の時間は自分のためにたっぷりと使えます。5年後10年後に思わぬ才能がひとつと言わず花開くかもしれません。そんな期待に心踊らせながら、今日一日を精一杯、激しく生きようではありませんか。

よい出会いがある。
それは、
あなたの才能なのです。

## 長生きを恰好わるく思う若者たち

「きみたちは何歳まで生きたいですか」

聖路加看護大学の新入学生に、この質問を10年繰り返してみました。

10年前というと、すでに日本人の女子の平均寿命は80歳を越えていましたが、学生たちの答えは、なんと「50代まで」というのが大半で、「80歳以上」と答えるのは毎年一人か二人。手を挙げさせると、まわりが笑うのです。

「あなた、そんなに長生きしたいの？」

と、おかしいらしいのです。

ほとんどが20歳前の若い人たちですから、自分の老いた姿や死のときなどイメージできないのも無理ありません。けれど、若い人があまり長生きしたくないと思うのは、彼女たちの目に老人が魅力的に映っていないから、とも言えそうで残念です。彼女たちの輝くような若さに負けないくらい、老人たちがいきいきとしていたら、おそらく答えはちがってくるでしょう。

「あんなふうに齢《とし》を重ねられたらすてきだな」

と、若い人のモデルになるような生きかたをしたいものです。人生は若いことにだけ価値があるのではなく、老いて円熟するという価値もあるのだと、私たちは自らの生きかたをもって若い人に伝えることができるはずです。

## 生きかたのモデルを探し、モデルに学べ

人生とは「生老病死」の四苦からの解脱《げだつ》にある、とお釈迦《しゃか》さまはおっしゃいましたが、その四苦なる人生をまったくの手さぐりで歩むのであれば、いかにも困難に満ちています。

けれど、幸いにして、私たちは膨大な過去のなかに無数の生きかたのモデルを

ています。

求めることができます。彼らが、「どうよく生き、どうよく老い、どうよく病み、どうよく死んだか」。これほどの大きなヒントが、私たちには初めから与えられています。

モデルとは、暗闇を照らす一筋の光のようなもの。その明かりがあるだけで、私たちの人生はどれだけ歩きやすくなることでしょう。

私は若い人にはいつも、自分の経験からこうアドバイスするのです。「30代ではこうありたい、40代にはこうなりたいという、できるだけ具体的なモデルを見つけなさい。そして、その人に一歩でも近づき、さらに超えるために何をすればよいか、とつねに頭を働かせなさい」と。

長い人生の、この先いくつも現れる曲がり角で、進むべき道に迷うときや、思わぬ困難をかかえて歩むペースが落ちるときにも、「なりたい自分」という目標をもっていれば、励まされ、慰められ、支えられ、ときにはよいヒントを与えられます。その目指すべきモデルが50代をかぎりに見当たらなくなってしまうというのでは、何だかさみしすぎます。

私のモデルはウィリアム・オスラー医師（1849〜1919）です。生涯の師と出会ったのは戦後間もなくのこと、私は30代の半ばでした。ときに師はこの世を去って久しく、私が衝撃的な出会いをしたのは、一冊の彼の講演集でした。以来、いまもなお、

「オスラー先生だったら、私の何倍のチャレンジをしただろうか」

と、心のなかで問いかける存在であり続けています。

幅広い読書歴をもつオスラー先生の座右の書は、17世紀の神学者であり医師であったトーマス・ブラウン（1605〜82）の『医師の信仰』でした。私は先生に導かれるように、この書をひもとき、さらにトーマス・ブラウンが私淑したプラトン（前427〜347）やアリストテレス（前384〜322）にも深く接するようになりました。

オスラー先生が私をトーマス・ブラウンに引き合わせてくれ、プラトンやアリ

ストテレスの存在まで教えてくれたようなものです。モデルがモデルを、次々に私の目の前に連れて現れたわけです。

いつの世も、人は人から学びます。だから少なくとも、モデルが残した足跡とそっくり同じことを繰り返すだけで満足してはいけない、と私は自分を叱咤《しった》するのです。モデルの見ていた視線よりさらに未知なる前方を見つめていたい。1歩、2歩、あるいは2倍、3倍と新しい世界に飛躍するための足がかりとして、モデルを求め、そこに自分にしかない才能と可能性を表現すべきだと思っています。

## 出会いはハプニング。おそれず、楽しみたい

さて、モデルはじっと待っていても目の前に現れてはくれません。自分で探し出すのです。できれば、自分と似たような境遇や職業の人ばかりにこだわらず、

異質の世界にも分け入って探してみてください。

たとえば数学者が哲学者と会話を楽しんだり、文学者や芸術家ともふれあう。するとと会話のなかに、

「その考え、こちらにもらった！」

というような応用可能なヒントに突然出くわすことがあります。

いつもの自分の居場所から離れてみると、目先が変わって、行き詰まりがぱっと解消されたり、思わぬスピードで前進できたりする。そんなハプニングをあえて求め、楽しむくらいの余裕がもてれば、発想はまさに棚ぼたのように落ちてくるのです。これは私の長年の実感です。

そうした思わぬ拾いものをする才能を、英語ではセレンディピティ（serendipity）といいます。セレンディップ（現・スリランカ）の3人の王子の逸話から生まれたことばで、王子たちは何かを探し求めているあいだに、偶然にそれとは別の思わぬ掘り出しものを発見するのが得意だったといいます。

セレンディピティは、欧米では一般の人もよく使うことばです。偶然のなかにしばしば貴重な発見が隠されているという真実、言い換えればひらめきの本質を、欧米人がいかによく承知しているかがうかがえます。机に向かって頭をかかえているばかりではだめで、むしろ肩の力が抜けているくらいの状態がベストなのです。

考えてみれば、私たちの日々はそんな偶然というハプニングに満ちています。その一瞬をうまくとらえて、一生ものの出会いに育てるには、心のセンサーを磨き続け、新しい出会いを楽しむ余裕が必要です。

いくつになっても手本としたい生きかたを探し求めていれば、日々に張りが生まれます。その真摯《しんし》なあなたの姿勢がいつの間にか誰かの心をとらえて、あなたが誰かの生きかたのモデルにされたりするのだろうと思います。

「50代まで生きれば十分」などと、もう若い人に言わせたくはありません。

# III

# 寄り添って生きる

人はひよわいからこそ、
寄り添って
生きることができます。

## その女性の不幸は、がんであったことよりも、不安を語れなかったこと

先ほどまで、私はホスピス病棟の一室にいました。その30分ほどのあいだに、患者さんのこわばった表情が見る間に和らいでいく。そばにいた医師や医学生がまずその変化に気づき、はっとしたようでした。

私はただ、患者さんにはいつもそうするように、75歳になるその患者さんの目線に合わせてベッドの傍《かたわ》らに座り、その手を取って、思いのあれこれに耳を傾けていただけなのです。

そうするうちに、進行した肺がんで呼吸さえ困難なはずの彼女が、私との会話のあいだ一度も呼吸に苦しむ様子もなく、笑みまで浮かべるのです。やっと本音を聞いてもらえると言いながら。

「一番おつらいことは何ですか」

という私の問いかけに、彼女は、

「不安な心の内を誰かに聞いてほしいのに、誰にも話せず、聞いてもらえそうにもなく、ずっと一人でこらえてきたことです」

と答えました。

彼女が聖路加国際病院のホスピス病棟に入院したのはつい先日のことで、実は半年ほど前に別の病院で肺がんを告知されたものの、がんがどんな病気かよくわからない。医師にあらためて説明を求めるのも気がひけた。ただ、あまり先が長くないんだなとは自覚していた、と言うのです。

重大な告知をしたつもりでいるのは医師ばかり。その医師とのあいだに、細やかなコミュニケーションなどなかったことは明らかです。

彼女の病は、もはやどんな医療をもってしても治せません。病状からして、おそらくあとひと月のいのちでしょう。では、医師や看護師の役目もここまでかと言えば、むしろここから先こそが医療者の資質が問われる場面だと私は思っています。医療の対象は「病」ではなく、あくまで「人」なのですから。

## 医療の原点は手当て、そのぬくもり

患者さんの話を聞くことに始まる医療において、たとえば咳《せき》をするとからだが痛むという人に、

「痛いのは肩甲骨《けんこうこつ》のあいだ？　鎖骨《さこつ》の下？」

と質問ぜめにするよりも、

「痛いのはここですか。ここ？　ああ、ここですね」

と、患者さんのからだに手でふれてみる。手のひらから患者さんのからだの声を聴き、眼差しや接する姿勢でこちらの思いを伝える。ことばは言うに及ばず、五感をフルに使う。これが医療者に求められるコミュニケーションだと思っていま

す。単なる情報伝達であっていいはずがありません。

目指すは、母親の、魔法のような手。どなたにも幼いころに覚えがあるでしょう。熱のある額に手をふれられただけで気分が楽になり、痛いはずのお腹をさすってもらうと痛みが薄れた。医療の原点は、この「手当て」にあります。コミュニケーションの力の源をここに感じずにはおれません。

私が尊敬する医師ウィリアム・オスラーは、

「医学はサイエンスに支えられたアートである」

と言いました。サイエンスは科学と訳せるでしょう。一方、アートとは技、つまり一人ひとりの患者さんにどのようにアプローチするか、タッチするかということです。

サイエンスが病そのものを客観的かつ冷静に見つめるのに対して、アートは患者さんの心に繊細な感性でふれようとするものです。サイエンスとしての医学がたとえお手上げとなっても、アートの部分は生の最後の瞬間までかぎりなく提供し続けることができます。

本来この2つの側面をあわせもつべき医療が、現代ではテクノロジー本位に陥りがちであることは否めません。患者さんにどのようにタッチするか、その人生観や経験に裏打ちされた、患者さんの「いま」の思いをいかに聞き出し、どのように重んじるか。臨床の医師や看護師には、そうした心に迫るコミュニケーションが欠かせないと、私は長年にわたって強調してきました。

## 悲しみの体験が、人をやさしくする

心に迫るコミュニケーションというものは、実行しようと思い立ったその日からすぐにできるというものでもありません。人に体《てい》よく調子を合わせるテクニックではないからです。

すでに20世紀の初頭、ナイチンゲール（1820～1910）は看護師の卵の学生たちに向かって、感性の必要性を説いています。感性のあるなしがコミュニケーションの能力にかかわるからです。

「わが子を失うというような、あなたがたには経験のない悲しみにも共感できなければならない。その感性がないのなら、看護師になるのはやめなさい」

という意味のことばを語っています。厳しいまでの助言です。

彼女は、感性はあくまでも遺伝的な資質であって、後天的に獲得しえないと思っていたようですが、私は、人の素質も環境によって刺激され育ちうると信じています。誰でも、感性が貧しいことはあってもゼロということはありえないのですから、磨けばよいのです。

ただ憂うべきは、いまほど感性を育てにくい時代もないだろうということです。ぜいたくや便利さに慣れてしまうと、感性はどうしても鈍ります。他人の痛みはどこまでも他人のもの。たとえ気の毒に思うことがあるにせよ、ほんの一瞬で、次の瞬間には忘れています。この世に生を受けたことを感謝する謙虚さなど、はたしてどこに置き忘れたのでしょう。
最も有効な、感性の教育があるとすれば、それは自らが苦しみ、涙する思いを味わうことに尽きます。はやりのバーチャル・リアリティー（仮想現実）ではだめなのです。

生身の体験が多いほど、感性は育ちます。大病の苦しみや近親者の死に幸いにして遭遇していないのなら、せめて、努めて多くの人に接し、自分にはない経験を間近に見聞きすべきでしょう。存分に想像力を働かせ、相手の心の内に飛び込む思いをもちながら。

機会があるなら幼い子どもを病人の見舞いや、通夜や葬儀に連れて行きなさい、と私が申し上げるのも、それが感性を育てる学習になりうるからです。そうした経験のなかで、たとえば他人の心にふれることばをいかに紡ぎだし、どのような眼差しで、いかなるタイミングに発すべきかを、徐々に体得するのです。

## コミュニケーションの技は、人間にだけ与えられた贈りもの

私は10歳のときに、腎炎を病んで外に遊びに行けなかったのを機に、ピアノにふれ、以来、音楽にはつねに慰められ、生きる力を与えられてきました。

その力を、ほかの病む人たちにも生かせないだろうかと、この15年あまり薬や注射によらない音楽療法をおこなっています。自閉症の子どもたちや、重いノイローゼを患う人、死が間近に迫った人たちに、穏やかな、しかし実に大きな効果をもたらすことを驚きとともに知りました。美しい旋律が渇ききった心を見る間に潤していくように、私たちもあの自然さにならって、人の心と通じ合いたいものです。

一人でいても孤独を感じない、貧しくともわびしくはない、死に瀕していても

心安らかでいられるとしたら、それは、人と心を寄せ合えるという確信を心のどこかにもっていられるからです。あるいは、この世のあらゆる息づかいに心を動かされる喜びの瞬間を知っているからです。それが人間だけに備わった、コミュニケーションの技。まさに病む人の生きる心につながるものなのです。

仲間で
群れ合っているかぎり、
人も社会も成長しません。

## 子どものしつけにおける日米のちがい

昨秋、講演で訪れたボストン滞在中に、アメリカ人の家庭でのしつけを目にする機会がありました。

一つめの家庭では、夕食のあいだずっと2人の子どもたちが給仕役としてテーブルの後ろに控えていました。私が声に出して所望するより早く、手元には、すっと塩が差し出されるという具合で、それは見事な給仕ぶりでした。そのおかげで夫婦はテーブルから離れることもなく、客である私のペースにぴたりと合わせて食事をし、存分に会話を楽しめるというわけです。

子どもたちは、こうして客をわが家に招くたびに、もてなしの気配りやマナー、客と交わされる品を損なわない会話の実際を見て、人との接しかたを学んでいくのです。

もう一軒のお宅には、4年制のカレッジを卒業して医学部への進学を間近に控えた息子さんがいました。その進学費用を息子本人がローンを組んで支払うと聞いて感心していると、アメリカでは医学、法学、神学の大学、いわゆる日本で言う大学院の授業料は本人負担が常識だと言います。まったく驚きました。

なにせ、私の日本の知人は、2人の息子の医学部の合格祝いに自動車を買い与えたのですから。しかも、国立大学に合格した息子のほうには、

「授業料が安いから外車でもいいよ」

とまで言ったらしいのです。

「子どもをだめにするには、ほしいものをなんでも与えることだ」

という思想家ルソー（1712~78）の言に従えば、いまの日本の子どもたちの行く末は推して知るべしです。

塾から毎夜疲れきって帰宅する子どもたちとは、当たり障りのないひと言ふた言を交わすのがせいぜい。子どものご機嫌を損ねないようにと、おとなはいつも

びくびくしています。そんな自信なげな態度が、子どもの傍若無人ぶりに拍車をかけます。精神的に成熟したおとなに育てるためには、ときには有無を言わさぬ体当たりのしつけが欠かせないというのに、いったい、日本のおとなたちはどうしたことでしょう。

## 「いろいろいる」が、社会のパワー

おとなはおとなだけで群れ、子どもは子どもでたむろし、老人は老人同士で集う。ひょっとすると仲間と群れることも面倒で、一人で過ごす時間のほうが長いのかもしれません。それがいまの日本の社会のありさまです。

年齢、性別、社会的役割など、いくつかの層にくっきりと分かれて、それぞれが交じり合うことがない。他の層にはふれない、かかわらない、むろん関心もない。固守したいのは自分の居心地のよさ。「面倒はごめん」「波風は立てないにかぎる」という態度が伝わってきます。

けれど、社会の成長のエネルギーというものは、老若男女あらゆる人間が交じり合うことで初めて生まれるのです。異質なものが混在するから、文化は成熟し、継承されます。類で群れ合って楽を求めているかぎり、社会に、未来を切り拓くような力がみなぎることはありません。

## 若い人の関心事に首を突っ込む

「どうせおとなにはわからない、話すだけ時間のむだ」と、これ以上子どもに思わせたくはありません。なんとかして、世代間の溝を埋めたいものです。

ならば、子どもや若者が熱中するものに、おとなも首を突っ込んでみたらどうでしょう。おとなのほうから壁を取り払い、もっと素直になれないものでしょうか。冷めた素振りで子どもたちを眺めて、おとなの体裁を保とうとはあまりに浅はかです。

プラトンは2500年も前に老人たちに向かってこう言いました。

「若者たちが運動や舞踏や遊戯をしているところへ出かけていって、自分になくなった肉体のしなやかさや美しさを、若者のなかに見て喜び、自分の若いころの美しさや愛らしさを思い出しなさい」

と。さらに、

「それらの娯楽において、最も多くの老人を最も楽しませた若者を讃えなさい」

と。

自分にはなくなった肉体的な若さや熱情をうらやんでもしかたないことですが、かと言って、そっぽを向くのも不自然です。素直に若者を讃えるなら、自分もまた、若き日の自分を心に再現できます。それは、いつまでも若くあるコツでもあります。

原稿を書くかたわら、私はサッカー中継なども気になります。ゴールをねらう選手と一緒に、思わず足は宙を蹴り、頭を突き出してしまう。そうして翌日には、若い人と、きのうの試合のあれこれを語り合うのがまた楽しいのです。

## 知恵は、伝えなければ持ち腐れに終わる

どんなきっかけでもいい。若い人と日常的にふれあうことが肝要ですが、そのなかでとりわけ大事なことは、人生の厚みなくしては知りえない「知恵」を、若い人にさりげなく伝えることです。

知識は、この情報社会にあっては求めさえすればあらゆるところから取り込むことが可能です。けれど、知恵はいまもって、人に直にふれなければ得ることができません。生きかたとして、人のなかに息づくものだからです。

知識がどんなに豊富であっても、それだけで社会は成熟しません。知識をよいことのために使う知恵がどうしても欠かせないのです。

禅の大家であり長年アメリカに住んでいらした鈴木大拙《だいせつ》師（1870〜1966）の主治医を、私は先生が90歳のときからご臨終までの6年間務めました。先生は80代半ばに帰国される際、岡村美穂子さんという20代の日系二世の秘書を伴われましたが、ある日、岡村さんにこうおっしゃいました。

「きみ、長生きはしたまえよ。90歳にならないとわからないことがあるからね」

と。

なるほどそうなのです。私は年を重ねるにつれ、そのことばを思い出しては一層深くうなずくのですが、岡村さんは、先生の日々のことば、あるいは先生の存在、その生きざまから立ちのぼる哲学を感得できる豊かな感性を、若くしてすでに備えていました。一方、先生もおそらく得がたいパワーを若い人からもらっていらっしゃっただろうと思います。長年の人生で培った精神を若い世代に託せるとは、なんとすばらしいことでしょう。

どなたもいずれ社会の第一線から遠ざかろうとも、決して若い人とのかかわりをなくしてはいけません。どうかそれまで以上に若い人と語り、共にいること、共に楽しむことに積極的であってください。あふれるエネルギーの恩恵にあずかることはたしかです。現に、若い人に数多く接する私は、もっぱら「若い」と評判のようですから。

もちろんお察しかと思いますが、若い人とつきあうには、体力維持というひそかな努力も必要です。

私は、空港でも駅でも、重い荷物を両手にかかえ、「動く歩道」にはもちろん乗らず、それ以上のスピードをと意識しながら速《は》や歩きをします。階段があれば、ときには一段抜きで。ただし、急激な無理は禁物。

そうして請われて、看護大学の学生たちと六本木のディスコに行ったこともありました。こんな狭い暗がりで事故に遭ったら逃げ出せるかなと、不安を笑顔で隠しつつ。

家族とは、
「ある」ものではなく、
手をかけて
「育む」ものです。

## ぬくもりや肌ざわりを失った社会の心地わるさ

昔のほうがよかった、などと言うつもりはありませんが、ひと昔前と、ものがあふれるほど豊かないまとでは、居心地という生き心地が明らかにちがいます。いまの世の中を、速さ、豊富さ、効率性という観点から見れば、さすがにこれらを必死で追い求めただけのことはあって、申し分のない状態と呼んでいいでしょう。

けれど、はたして居心地はどうかと言えば、私には、とてもドライにすぎるのです。人のぬくもりや息づかい、手ざわり、肌ざわりがあまり感じられません。

ひと昔前なら、山に登るにも、歩みの遅い人がいれば声をかけ、その人の手を引き、あるいは背後から押してあげる光景も見られたでしょうが、いまは頂上までケーブルカーが運んでくれます。人の手が介在していたあらゆる営みを機械が取って代わっていく。たしかに便利で手軽にはちがいないのですが、引き換えに、人とのふれあいを手離してしまいました。

しかし、いまにいたって、多くの人が「ものは豊かにあるのに心が満たされていない」ということに気づき始めました。自分たちのすぐそばで、はた目にはおとなしい10代の若者が次々に凶行に走る。悲しいかな、これほどの深い痛手を負うまで、手離したものがいかに大切なものだったかに気づかなかった。けれど、言い換えれば、いまは目を覚ますチャンスのとき。過去から「学習」できるかどうかの瀬戸際に立っているというわけです。

## 誤った過去は消せないが、やり直しはいつでもできる

ふれあい、コミュニケーションということばには、柔らかな、あたたかな響きがあります。なるほど、コミュニケーションということばの語源は「共通のもの

をもつ」とか「分かち合う」という意味のラテン語で、そこから連想するかぎり、「情報伝達」というような乾いた表現より、心がふれあい、通い合い、ひとつになるというような、血の通った関係性が強くイメージされます。

そうした柔らかさやあたたかさに、いま再びすがろうとする気持ちはよく理解できます。けれど、一度は捨てたものを、もう一度拾うのは、そう生易しいことではないはずです。拾い上げたところで、はたしてすぐに自分のものとできるかどうか。

なぜ、私たちはふれあいを捨てたのか。ひとえに、わずらわしかったからです。そのわずらわしさは、おそらくいまも変わらないでしょう。むしろ豊かな時代の人間関係は、もっと厄介になっているかもしれません。その覚悟はしておくべきだろうと思います。

淡い幻想と、効果をすぐさま期待する性急さは、なおさら取り返しのつかない事態を招くだけだろうと思うのです。私たちは、傷を負ったことによって少しばかり知恵をつけていなくてはなりません。そうでなければ、人間として何も成長していないことを示すばかりです。

## 生きることの困難さはいつの世も変わらない

そもそも私たちは過去20〜30年のあいだに大変な思いちがいをしてしまいました。経済的に豊かになって、情報や技術を自在に駆使するうちに、なんだか人間としても強くなったような気になりました。ほしいものは望めば手に入るし、自分で頭をひねらなくとも、あふれるマニュアルに従っていれば日常生活を難なく乗り切れる。そうしていま、自分は一人で生きてきた、一人で生きていけると大きな錯覚をしています。

けれど、いつの世も、人は人とのかかわりあいなくして存在しえません。人は本来ひよわいものなのです。生きることの困難さは、ものが豊かになっても変わるはずのない命題なのです。だからこそ私たちは助け合い、肩を寄せ合って生きてきたはずです。

人間関係が厄介であろうと、ぶつかりあい、折り合いをつけながら、人のなかに生きてきたのです。数々の衝突や摩擦、あるいは心癒される経験を重ねるうちに、人は、人づきあいの術を学ぶのです。生まれながらにしてコミュニケーション術なるものを身につけているわけではありません。

そうした人間関係のルール、人と人とが共同して生きるための社会生活の申し合わせ、いわゆる倫理を、最も早くから、そして最も頻繁に学ぶ場が「家庭」でした。

ところが、いまでは「ホームレス」と呼べそうな、「家庭」のない子どもがなんと多いことでしょう。

## 面倒でも手をかけなければ、家族は冷えきってしまう

3世代同居が圧倒的であったころに比べると、核家族の人間関係はきわめて簡素になっています。一家庭あたりの子どもの数も年々減っている。しかも、父親は仕事で不在がち。両親不在もめずらしくない。それぞれが自分の好みと都合でバラバラに行動しています。

となれば、子どもたちはいったい、いつ、どこで、人としての生きかたやルールを学べるのでしょうか。おとなとて、物理的なすれちがいに気づいていながら目をつぶって、子どもとの真剣なふれあいやぶつかりあいを避けています。

いま、家族のなかに見出せるのは、「自分」と、自分以外の「異物」という視点だけです。親子のあいだ、兄弟間、夫婦間に共通の思いがない。家族と呼ばれるだけで十分ではないか、自分と年齢も価値観も一切が異なる人間とのあいだ

に、わざわざ共通の思いをもとうなどと無理することはない、と各々が言い訳するようになっていないでしょうか。

「異物」だから関係がない。が、ときに邪魔になる。不愉快だ、目障りだ。だから、なきものとしたい。そういう思いが高じたとき殺人も起こりうる。目の前をちらちらと飛び回る蛾を目障りだと叩きつぶすように、人をあっさりあやめてしまう。自分の気分と居心地だけを優先させる、きわめて自己中心的な未熟な人間がなんと多いことでしょう。

家族が単に「異物」の寄せ集めであっていいはずがありません。互いのちがいを尊重しつつ、共通の思いをもう一度探るべきときです。家族間のコミュニケーションを回復することなくして、世の中にぬくもりは回復しえない、とさえ思います。

手っとり早い解決法などありません。日々コツコツと積み重ねてゆく、そんな地道さを必要とするでしょう。その習慣のなかで、自分以外の「他者」に心を寄せる感性が育つのだと思います。他人の喜びや痛みに共感できる心の幅というか、度量が広がるのだろうと思います。

面倒だからと、人とのかかわりあいの一切から遠ざかっているかぎり、人としての成長は期待できません。もちろん人とのふれあいのなかで心揺さぶられる感動を味わうこともできません。それは、一度きりの人生において、きわめて重大な損失であるだろうと私は思います。

## まず自分を好きになるように

心通うコミュニケーションのためのマニュアルなどありませんが、一つアドバイスするなら、

「自分のことを好きになりなさい」

と申し上げたいと思います。

自分をこれ以上甘やかすのではなく、自分をとことん見つめるのです。自分という全存在を愛するのです。自分を愛せない人間は、決して他人を愛することなどできません。

誰しも長年のあいだ、世間や社会を鏡に見立てて、その鏡のなかに自分の姿を見てきたはずです。社会に向かって見せている「外の自分」には、見栄もあり、無理も背伸びもしています。そろそろ子育てにひと息つくころ、人は徐々に自分をてらうことから解放されます。目を「内なる自分」に向ける好機を迎えるというわけです。

鏡を通してではなく、自分の目で、自分を見つめる。嫌な面も含めて、ひとまず一切を受け入れる。その内なる自分のなかに、いまだ芽を出していない、よい種を見つけ、慈しみ育むことです。そうした未知なる可能性をもって生まれた自分を、大切なものと信じることです。その思いにいたれば、同じくかけがえのない存在である他人の心に寄り添う素地ができるはずです。

# Ⅳ

# いきいきと生きる

人はいくつになっても
生きかたを
変えることができます。

## 人生とは習慣である

人生は、ひと言で言えば習慣です。

アリストテレス（前384～322）は、「習慣とは繰り返された運動」であり、習慣が人間の性格や品性をつくると言っています。

習慣に早くから配慮した者は、おそらく人生の実りも大きく、習慣をあなどった者の人生はむなしいものに終わってしまいます。習慣は日々の積み重ねですから、それが習い性になってしまえば、その後はつらいとも面倒だとも感じなくなります。よい習慣をからだに覚え込ませればよいのです。

鳥は生まれついた飛びかたを変えることはできません。動物は這《は》いかた、走りかたを変えることはできません。けれど人間は生きかたを変えることができます。それは、人間だけがいのちに終末があることを初めから知っているからです。かぎりあるいのちをどう生きようか、と生きかたを考えることができるのは、人間にだけ許された特権なのです。

「人間は死に向かって成長する」

と、精神分析学者のエリクソン（1902〜94）は言いました。年とともに肉体は衰えても、心はつねに生きる意味を探究しながら前進できるとは、なんとありがたいことでしょうか。

## 食事、運動、仕事、睡眠を見直し、今日から改める

いのちの「器」である「からだ」を守ること、つまり健やかに生きることも私たちの義務です。

豊かな時代になって、日本人が病む病気も変わりました。結核のように貧困や劣悪な生活環境が原因であった病気はすっかり姿を消して、高血圧、動脈硬化、

脳卒中、心臓病、がんが大半になってきました。

老齢に向かうあたりで発症するので数年前までは「成人病」と呼ばれていましたが、私は20年も前から「習慣病」と呼ぶべきだと言ってきました。病気の根は、めいめいの若いころの過ごしかたにあるからです。

動脈硬化などは20歳ごろから始まることがわかっています。誰が病気をつくっているのかと言えば、自分なのです。自分でつくる病気です。食事、嗜好品《しこう》、運動、仕事、睡眠、そうした日常生活のありかたを見直し改めれば、一生、発症せずにすむかもしれないのです。

かからなくてもすむ病気にまで医療費を使うのは、大いなるロスです。自分の健康は自分で守る。医者まかせ、他人まかせにしない。これは基本です。

## 「すぎる」ことをいましめたい

私たちは毎日食べます、時間を費やし、お金をかけて。生命活動を維持するために必要だからです。この食習慣のからだへの影響は多大です。食べることで得たエネルギーをむだなく、すべて使い切れるなら、それに越したことはありません。

人間のからだというのは実によくできたもので、機械であれば古くなると燃料が余計にかさみますが、人間は反対に、老齢になるとエネルギーは少しで足りるようになります。そこに必要以上のエネルギーを注ぐことは、若いときならばあまり問題にならなくとも、年をとると、むだはからだに負担になるだけです。

私の1日の摂取カロリーはざっと1300キロカロリー。若い人の半分です。それがちょうどいい。仕事のペースも、1日の睡眠時間が5時間というのも30代からまったく変わりませんが、食べる量だけは減りました。何かに集中していると、のども渇かなければ、お腹もすかない。食事のことなど、つい忘れてしまう。それでもいいのです。

年をとったら、日に3度の食事にこだわらなくてもいい。「これでちょうどいいな」というほどほどの加減がつかめたら、その自分のペースでほしいときに自由に食べればいいのです。できれば、むだなく。私などは少し食べて、すべて使い切るのでむだがありません。

いまの人はほどほどにしておくのが下手です。食べすぎ、飲みすぎ、塩の摂りすぎ、脂肪の摂りすぎ、糖分の摂りすぎ、タバコの吸いすぎ……。「すぎる」食習慣が病気をつくります。

「腹八分目」という約300年も前の貝原益軒《かいばらえきけん》の『養生訓』のなかに見られるように、私たちが健やかに生きるコツは、つねに古き人のことばやその生きかたに示されています。私たちはそれらを謙虚に受け止めるべきでしょう。

## からだは休みなく、切れ目なく、使い続ける

年をとれば、からだも頭も老化します。けれど、老化は避けられなくても、だめにしないことはできます。要するに使いかたです。使わなければ頭もからだもだめになります。毎日、休みなく、切れ目なく、使い続けることです。

私たちのからだは、動かしながら使いながら、同時に調節したり治していくことができるようにつくられています。

健康には、何よりもよい習慣が欠かせません。いつか、いつかと頭で考えているだけではだめなのです。今日の一歩を踏み出すこと。なぜなら、健康は行動の結果です。健康は実践のなかにあるのです。

病気を治すことに主眼を置く医学に、あなたの健康のことまで期待するのは筋ちがい。めいめいが生活のなかに実践するしかありません。そう、いますぐに。

失うことを恐れるより、
与えることで
喜びは生まれます。

## ギブ・アンド・テイクさえできない日本人

何の面識もないアメリカの企業の社長が、私に面会を申し込んできました。いったい何の用件だろうかといぶかりながらお会いしてみると、その人はこう切り出しました。

「これから東京でビジネスを始めたい。ついては、それがうまくいくかどうかはわからないけれども、もし利益が出たならば、その１％を病院に寄付します」

と。

お金が潤沢にあるから寄付するというのではなく、異国での起業に向けて、いま走り出したばかりの外国の会社が、将来の寄付を前もって約束しに現れたのです。そんな実業家がアメリカにはいる。アメリカの懐の大きさとはこういうことなのです。

WHO（世界保健機関）元事務局長のマーラー氏は数年前私に、

「国際社会で日本がやってきたことは、ギブ・アンド・テイクではなくて、テイク・アンド・ギブ・ギブだった」

と言いました。

たしかに日本の国際貢献は、まず海外にマーケットを獲得して、そこで儲けたら、いくらかのお金を出しましょう、というものでした。まずはテイク（もらう）で、ギブ（与える）は後。もらえないのなら、あげるなんてとんでもない、という態度です。

そんな考えかたがまかり通っていることにも平気だった国ですから、冒頭の実業家のような人物には、まず日本ではお目にかかれない。そう思っていたのですが、最近の日本は捨てたものでもありません。うれしい驚きがありました。

先ごろ私は「葉っぱのフレディ」という名の、在宅介護支援のヘルパーステーションを開設しました。名前の由来は、ご存じのとおり90万部のベストセラーとなった、米国の哲学者レオ・バスカーリア（１９２４〜９８）著の絵本のタイトルです。いのちとは何かを教えてくれるこの絵本は、私のお気に入りの一冊だったからです。

ほどなくして、同絵本をモチーフにしたピアノ曲のＣＤを出した東芝ＥＭＩ社が、ＣＤが１枚売れるごとに、ヘルパーステーションになにがしかの寄付をしたいと言ってきたのです。日本も変わったな、これなら未来に希望もあるなと思えた一日でした。

## 人はひよわなもの。それもまた、生きる才能

見返りを期待せずに与えるという行為は、かつては身近にいくらでもありました。日本人がいまより謙虚であったころ、つまり人間のひよわさを自覚していたころには、ごく自然に肩を寄せ合い、助け合っていました。国が豊かになるにつ

れ、自らの力を過信し始め、サービスはもっぱら金で買うというようになってから、社会は少しおかしくなってしまったようです。

生活が豊かになったからといって、人間が強くなったわけではありません。医療は進歩しても死は克服できませんし、人間がひよわな存在であることには依然変わりはないのです。

与えることに、特別の才能や技術はいりません。ひよわさをもって生まれたというだけで、すでに身を寄せ合い、助け合う資質とエネルギーを誰もがもっていると、私は思っています。

与えることで失うのではなく、心は以前にも増して満たされます。ごちそうなら食べすぎれば胃もたれを招き、ふくらみすぎた財産は不安を生みますが、心は満たされれば、どこまでもすがすがしく爽やかで、生きていることの喜びを実感できます。

人間としてのひよわさを私たちはいま一度自覚し、身を寄せ助け合う生きかたを選択すべきときではないかと思います。

## 吸うよりも吐くことを意識するよい呼吸法は、よい生きかたと同じ

私はいま呼吸法にとても関心をもっています。現代人は心身のストレスのせいで呼吸がことのほか浅くなっていますから、みなさんにぜひ深呼吸をお勧めします。かつてラジオ体操で覚えた、あの深呼吸のフォームは必要ありません。有効なのは静かな腹式呼吸で、重点は呼息《こそく》（息を吐くこと）にあります。

フーッと息を吐いて、吐いて、肺のなかを空っぽにするのがコツです。息を吐き切ってしまえば、胸郭《きょうかく》は真空状態に近くなりますから、吐くことをやめたとたん、空気がたちまち胸のなかに流れ込んできます。十分に吐き出さないうちに胸いっぱいに空気を吸おうとしても、無理なのです。

お釈迦さまが弟子たちに伝授された「二段呼吸」という呼吸法も、息を吐いて、止めて、さらに吐くものだったといいます。十分に吐くことが、健康によい呼吸なのです。

からだによい呼吸法は、そのまま、よい生きかたに置き換えられるように思います。自分がもらうことばかりを優先して、他人に対して出し惜しみをしていると、心は満たされるどころかしなびてきます。

欲が欲を生んで、願望に際限はなく、つねに不満がつきまといます。願望というのは往々にして望んでも得られないのが世のならい。私ほどの年齢になると、つくづくよくわかります。

ハァーと大きなため息をついて空気を吐き出すと、からだにいい。同じように、心の健康のためには、自分の能力を他人のために存分に使うことが一番なのです。

ほのぼのとした善意だけでは、
ボランティアはつとまりません。

## 総勢300人の病院ボランティアが誇り

聖路加《せいルカ》国際病院の玄関を入るとすぐ脇に、病院ボランティアがたいてい一人、みなさんを出迎えるように立っています。診察やお見舞いで来院される方がまず出会う病院のスタッフが、医師や看護師や受付の職員ではなく、この病院ボランティアであることを、私は病院の誇りに思っています。

広い院内で迷う人があれば、ボランティアが道案内してくれるでしょうし、ご高齢の患者さんなど緊張や苦しさのあまり病状を要領よく説明できない方に代わって、その方の病歴や健康上の不安や訴えを、医師に向けてわかりやすく整理してくれるボランティアもいます。

私たち医療スタッフの目の行き届かないところや、気づいていてもどうしても手が回らない部分を、気持ちよいほど的確に、さりげなく、ボランティアの方々が補ってくださるのです。

病院を意味する、英語の「ホスピタル」は、ホテルやホスピスということばと同様に、「ねんごろにもてなす」ことを意味する「ホスピタリティ」から出てきたことばです。病院が冷たく、近寄りがたく、怖いところであってはならないのです。

聖路加国際病院を訪れた人が、もしあたたかみのある空気を感じることがあるとすれば、それは総勢300人の病院ボランティアの気配りに負うところがとても大きいと思います。

当院のボランティアは、私が院長代理であった30年前に呼びかけて始まりましたが、いまでは関東で最も病院ボランティアが活躍する病院となりました。けれど欲を言えば、アメリカのように病床数に匹敵するだけのボランティア、聖路加国際病院ならば520人は少なくともいてほしいと、さらに夢をもっています。

## ボランティアは、提供する技術において
## プロでなければならない

聖路加国際病院における病院ボランティアの無償の働きによって、病院が直接、間接に財政的に助けられている部分はたしかにありますが、それをねらって病院ボランティアを募集し始めたわけではありません。

有能なボランティアがここで育ち、ここで活躍し、ここから巣立っていただけたらいい。いわばボランティアの本領が発揮される場を提供したいと考えたからでもあります。

ボランティアに要求されるものが、いつもそのときどきに足りない人手を補うような雑用ばかりであったなら、ボランティアをやってこそ味わえる喜びはなかなか実感できません。これではボランティアのすそ野が広がらないのも無理のな

いことです。

ボランティアを募集する側にも、十分なボランティア精神の理解が必要であり、ボランティアを労働力として使うのではなく、ボランティアを育てていこう、というくらいの意識が望まれるのです。

たとえば病院ボランティアは、患者さんからすれば、医学においては同じ素人だという心安さが感じられる存在であり、医師を前にしたときよりもずっと気持ちがリラックスします。

患者さんに与える印象はそのほうが望ましいでしょうが、病院ボランティアが提供する技術においては、アマチュアであってはならない、プロをも目指すべきだと私は思っています。

ですから、技術を磨くための勉強をボランティアには求めます。熱い思いやほのぼのとした善意だけでは、残念ながらボランティアはつとまりません。相手の心を察する感性、状況を読み取る洞察力、そして果敢な行動力が求められます。

そのめいめいの意識と努力をバックアップできるように、たとえば技術を磨く勉強の機会はできうるかぎり用意したいと、私はこれまでも努めてきました。私が道をひらいた血圧測定ボランティアのご婦人たちも、その腕と知識においてはプロ顔負けです。

毎年、血圧測定ボランティアの方々は聖路加看護大学の学生たちに、そばで見守る教授も驚くほど、わかりやすく要領よく講義をされています。血圧の測りかたを一般の人に教えるために、全国各地を回られることもあります。他人に教えるたびに、教えかたにますます磨きをかけていく姿は頼もしいかぎりです。

ボランティアを尊重して起用すれば、ボランティアは、その技術においても、人間としても驚くほど成長します。

**「今夜はお母さんはボランティアで帰りが遅くなるからね」**

「今夜はボランティアで帰りが遅くなるからね。お夕飯は先に食べていてちょうだい」

と、お母さんが子どもに言いおく日が、たとえば週に1回あってもいい。それはお母さんにかぎらず、お父さんであっても、おじいさんおばあさんであってもいいと思います。

学校教育のなかにボランティア体験を組み入れるという考えは大いに結構ですが、私はもっと身近に、つまりは家庭のなかに、ごく普通に見られる行動になるのが本来だろうと思っています。

子どもは、親や祖父母の背中を見ながら育ちます。仕事が終わった後に、その足でボランティアに向かう母親が、その日はどんなに疲れて帰ってくるかということも、それでいて不思議と母親の表情がいつも以上にいきいきしていることも、子どもはすべて見ています。

それだけの行動を見せていれば、あらためて「ボランティアとはこういうものだ。あなたもやりなさい」と子どもに語る必要はたぶんないかもしれません。詰め込むように教えるよりも、子ども自身が学びとっていける機会をさりげなく用意しておくほうが、子どもに無理のないかたちで備わり、血肉になっていくように思います。

## 生きがいとは、自分の存在に意味を与えるもの

いきいきと生きる——。「生きる」ということばが3つ連なった、このすばらしいことばのように生きたいと誰もが思います。いきいきとした自分を発見するには、ボランティアの体験は絶好です。

私は定年後から、かれこれ25年来、ボランティアをフルタイムにしています。聖路加国際病院での役職も、6つの財団の理事長や会長職も、診察や講義もすべてがボランティアです。自分が好んで楽しんでやっているので、どんなハードなスケジュールであっても疲れを知りません。ボランティアがそのまま私の生きがいでもあるからです。

他人のために役に立てたということは、つまり自分という存在が生かされたということであり、生きている実感をこれほど強く感じられる瞬間はありません。人生の後半は、自分に与えられた知恵やセンスや体力を、今度は社会にお返ししていく段階です。その自分を生かす場は、自分で探し求めるのです。

私にはいつもこんなイメージが目に浮かびます。地獄の入口で天秤《てんびん》を手にしてエンマさまが問うのです。

「自分の寿命を、自分のためだけではなく、他人のために使ったたか」

と。もし、天秤棒が〝自分のため〟の重さのせいで垂直に跳ね上がったりした

ら、エンマさまはひと言、

「極楽は無理だね」

と、言うに決まっています。

人生のぎりぎりまで考え、感じ、働ける人間でありたい。そのための努力を惜しまず、ときに耐えて、授かった知恵を若い人に与えたい。それが私の生きがいであり、私という存在に意味を与えてくれるものです。

からだが衰えるほど、
「気」は高まると信じます。

## 「気」が、いきいきのもと

講演に行くと、近ごろは決まって握手を求められます。いままであまり経験のなかったことですが、都会でも地方でも、

「先生の『気』を分けてください」

と、手を差し出されるのです。

先日も、私を表敬訪問してくれた小学生たちが握手した右手をかざしながら、

「今日はこの手は洗わないことにします」

とはしゃぐので、私はさながらアイドルのようでした。

握手することで、相手の「気」、英語でいう「スピリット」が、自分のほうに伝わるようなイメージを、みなさんは抱くのでしょう。90歳になる私から「気」をもらいたい、ということは、みなさんは私を見て、「からだはたしかに老化し

ているようだけれど、『気』はまだまだ損なわれていない」と感じているのかもしれません。

　もうひとつのオリンピックと言われるパラリンピック選手たちの勇姿と、すがすがしさを目にするたびに、私たちは本来は目に見えないはずの「気」を、はっきりとそこに感じることができます。からだや知能に障害をかかえていても、決して人間の価値が劣るわけではないことを、彼らは闘う姿を通して雄弁に語ってくれるのです。

　そもそもパラリンピックの旗を彩る赤、緑、青の3色は、それぞれ「からだ（ボディ）」「知能（マインド）」「気（スピリット）」を表しています。「からだ」と「知能」と「スピリット」がそれぞれに足りない部分を補い合い、高め合うのが人間という存在なのです。

## 「あの人にできるなら、私にも」と自分を奮い立たせる

私に握手を求める人たちが「こんなにご高齢にもかかわらず」と内心思い、そんな私に触発されて、「まだ私のほうが若いのだから」と、尻込みしていた未知なものに挑む意欲が湧いてくるのであれば、なんとも光栄です。

「あの人にできるのなら私にも……」と思える人をまわりにたくさん見つけることを、私はお勧めします。2000年秋に立ち上げた「新老人運動」は、まさにそんな心の動きを利用したムーブメントなのです。

老人は社会の厄介者という先入見を打ち砕いて、老いることを新たな価値として社会に浸透させるには、このままじっとお上《かみ》の先導を待つより、「新しい老人像」を社会のあちこちに見かける機会を増やすほうが、早く、しかも確実ではないだろうか。そう思ったのがきっかけでした。

「年輩のあの人ががんばっているのだから、私もじっとしていられない」と、隣人を見てわが身を奮い立たせるのであれば、各人の行動は自発的ですから、当然、長続きもします。強制されてしぶしぶとか、いやいやでは、そうはいきません。

## 増やすなら、微笑みのしわを

私が理事長を務める財団法人ライフ・プランニング・センターが20年前からやっている中高年対象のパソコン教室はいつも活気に満ちています。

指導をするのは中高年のボランティアで、なかにはかなり年長の方もいます。先生が高齢であればあるほど、生徒たちは俄然《がぜん》張り切ります。自分よりも年上の人が器用にパソコンを扱うので、「自分にもやれるはずだ」と自信をもつようなのです。

一方、先生役のボランティアたちも、もっとわかりやすく教えることができるように、もっと高度な質問にも答えることができるようにと、自発的にパソコンの習熟に励んでいるようです。教室の熱気はそんな両者の関係から生まれるのです。

財団では、医療ボランティアも育成しています。医学や生理学を学んだこともない中高年の方々が、やがては聖路加看護大学の学生たちに、血圧測定の理論と実際を教えるまでになります。その腕は実に見事です。

「今日は看護大学の学生さんに、血液の生理を講義してきたのよ」

と、近ごろはつらつとしている奥さんを、

「あてになるもんか」とひやかしながら、

「うちの家内は……」と、勤務先で妻を自慢する夫の姿が、私の目には浮かびます。きっと妻に一目置くようになったはずです。

いずれ年をとり、深いしわが顔に刻まれようとも、いきいきと美しくありたいものです。いつもにこにこと微笑んでいられるような毎日を送っていれば、顔にはいつの間にか微笑みのしわが生まれます。

老いて一層、心の内面は顔に表れます。微笑みのしわを増やせるように、どうぞ十分に「気」をみなぎらせていてください。「気」こそが、人を健やかに、いきいきとさせる源にちがいありません。

# V

# 治す医療から癒す医療へ

ミスをおかしてミスに学ぶ。
だから**成長**できるのです。

## 医療ミスは急増したのではなく、隠されていた

医療ミスはいまになって急に増えたわけではなく、その多くが病院の内部に覆い隠されていた、つまり世間の目にふれることが非常に少なかっただけにすぎません。

先ごろ、アメリカで最も権威のある医学専門誌が、全米150の主要病院にアンケートをおこないました。そこから明らかになった医療ミスの発生件数は、予想をはるかに上回るもので、正直なところ、私は度肝を抜かれました。

けれど、これはあくまでも私の憶測にすぎませんが、おそらく日本の医療ミスは、アメリカの2倍近くにのぼるでしょう。医療ミスへの危機管理においてはアメリカはむしろ先進国で、日本の20～30年先を行っているからです。たとえ未然に防ぐことができた医療ミスであっても、アメリカでは患者さんにすべてを明ら

かにします。皮肉なことですが、医療ミスがあまり表にあらわれてこないということが、そもそも問われてしかるべきなのです。

## まず、人間の不完全さを謙虚に自覚する

では、ミスがなぜ隠され、なぜ減らないのかと考えていくと、どうも医師も患者さんも世間の人も、「人間はパーフェクトではない」ということをすっかり忘れているからではないかと思いいたります。

考えてみてください。どんなに最新の医療機器、医療設備を用いようが、医療も所詮「人が人になす行為」なのです。だからこそ、そこには相手を思いやる「心」があってしかるべきですし、また反面、「絶対」や「完全」はありえない。つまり、病気を治せないこともあるし、医療上のミスも起きるものなのです。

私たちはどんなに努力し、注意をしていても、完璧ではありえません。それは

求めても詮ないこと。むしろ謙虚に、おごらず、まずわが身を含めて、人間のいたらなさ、弱さ、不完全さを、つねに自覚することから始めなければなりません。

科学が進歩すればするほど、その自覚は一層強く求められます。ハイテクノロジーを盲目的に信用すれば、人は油断と慢心をまぬかれません。ふとした不注意が思わぬ惨事を招くということを、2001年2月9日（現地時間）の、ハワイ沖での日本の水産高校の実習船えひめ丸とアメリカの原子力潜水艦との衝突・沈没事故で、私たちは思い起こし震え上がったばかりです。

医療の世界で起きている問題は、実は医療にかぎらず、科学の恩恵に浴する現代社会共通の問題でもあるのです。当然、その対応策は広く共通して語れるはずです。

そうであれば、ミスを起こした当事者を必要以上に厳しく処罰したところで、何になるでしょう。むしろミスを隠そうとする傾向に拍車をかけるだけです。失敗こそが、未来の安全を手にするための、貴重な財産なのです。

私たちは、この先に起こりうるすべてのミスや突発的な事故を予測することはできないのですから、おかしたミスに謙虚に学ぶよりほかありません。実は、それが最短にして最良の道なのです。医療ミスはゼロにはできませんが、減らすことなら私たちにできます。

## 医師のあなたへ
## ——その患者さんが、あなたの大切な人であっても手術をしますか？

医学の進歩は皮肉なことに、患者さんをある意味で危険にさらす機会を増やしています。いわばハイテクノロジーのあだ。医師というもの、外科医はことに、患者さんの犠牲があって腕を上げます。成功率の低い手術とわかっていても、また、自分の力量以上の高度なテクニックが要求されようとも、外科医はつねに手術に挑戦する誘惑にかられます。若い医師なら、なおさらです。

「その患者さんが、あなたの子どもであったら、親であったら、愛する人であったら、それでも手術をしますか」

この問いを、いつでも自分に問う訓練をしなさい、と私は若い医師たちに助言します。

2500年前のギリシャの医師ヒポクラテス（前460頃〜375頃）は、医師としてまず心すべきは、

「患者に害を与えるな」ということだと言っています。治すことのために、患者さんに苦痛を強いてはいけない、死ぬような危険にむげにさらしてはいけない、と。医師の究極の使命は治すことではない、というわけです。

医師の目の前にいるのは、病んだ「患部」ではなく、病んだ「人」であることを忘れないでください。しかもその病んだ人は、自分にとってかけがえのない人だと、つねに思うことです。そうすれば、患者さんの痛みや苦しみにまず耳を傾

けたくなるでしょうし、細かい例を一つあげるなら、その対話のなかで薬の拒否反応の有無を探ることもでき、薬剤の過敏症による医療ミスは防げます。

## 患者のあなたへ
## ――自分の身は自分で守る意識をもつように

患者さんは総じて、医師の言うまま、なすがままで実に控えめですが、それは医療の傍観者に甘んじているのだ、とあえて厳しく申し上げましょう。

医療の一切を医師にまかせきったがために、みなさんは医療についてまったくの無知になり、そのことに疑問すら感じていません。だから医師の言うなりの患者であり、ひとたび医療ミスが起きれば、ただの被害者となってしまうのです。そうではなく、もっと医療にかかわってください。

わからないことは何度でも医師に説明を求めてください。インターネットも大いに役に立つでしょう。専門知識といえども、あなたが知ろうと思えば十分に理解できることはたくさんあります。

医師に診てもらえば病気は治る、と思うのは、医療への信頼というより、むしろ過度の期待です。ないものねだりです。

自分の身は自分で守るのだと考えを改めて、医療の限界をも含めて、もっと医療を学んでください。医師より先に患者さんが医療ミスに気づくということがあってもおかしくないですし、もっとあるべきだと私は思います。

患者であるあなたにしかわからない不安や痛みも、胸にしまって耐えるのではなく、どんどん医師に伝えてください。日本の医療が、患者さんにやさしい、豊かな医療に変わるためにはぜひとも必要なことです。具体的に客観的に伝える術を磨くことも、当然、患者であるあなたの務めです。

患者であるあなたが医師や病院と対峙するのではなく、医師らと一体となって、望ましい医療を育てあげなければならないのです。

医師は聞き上手に、患者は話し上手になることに努めるべきです。

## 短い問診時間を最大限に生かそう

日本の医療は検査に頼りすぎです。医師は問診もそこそこに、ひとまず患者さんにあらゆる検査をします。ここ10数年来その傾向はますます強くなっていて、目に見える証拠がなければ何ものをも認めないという、極端なまでのデータ本位の医療に走っています。

ＭＲＩ（磁気共鳴画像装置）などのきわめて精密にして高額な検査機器を日本は世界で一番多くもっていますが、残念ながらその保有台数と医療の質は必ずしも一致していません。

みなさんは、検査はすればするほど病気の原因発見に迫れると期待なさるかもしれませんが、実際は患者さんが訴えているとおりに、からだの不調が検査の結果としてすべて現れるとはかぎりません。

風邪が好例です。風邪によってたしかにからだは変調をきたしますが、大がかりな検査をやったところで、それらしい結果が出てくるわけではありません。だからこそ、医師には、目に見えないものを見てとる技量が求められるのです。問診も十分にせず、検査のデータだけを見て、医師に「何ともありませんね。気のせいでしょう」などと言われては、たまったものではありません。

受ける必要のない数々の検査のために時間と費用をむだに使うより、医師と患者が十分に対話をするほうがはるかに有効です。その対話だけで、本来、病気の約6割は診断がつきます。問診時間がせいぜい3分というのであれば、その3分を最大限に生かすことを、医師も患者も考えるべきです。

## 医師と患者が十分に対話できれば、病気の6割は診断がつく

医師はまず、患者さんの何を診るべきか、聴診器で何を聴くべきかの的を絞り

ます。「胸が苦しい」と聞けば、心臓がおかしいのかなと想定して、患者さんに問いを重ねながら病気の診断に迫ります。この診察室でのやりとりだけで、本来、病気の約6割は診断が可能です。

次に聴診器で心音を聴くとか、のどの赤みを確認するなどの診察によって、さらに1割の病気が判明します。検査をすればもう1割の病気が明らかになり、入院してより詳しく検査をすることで、さらにもう1割の病気が診断できます。残る1割の病気については、現代医療では最後までわかりません。

このように病気の診断は、まず医師と患者との対話が根底にあって、より正確さを期すために診察があり、さらに検査があるというように、段階的に迫るべきものなのです。

あなたが自分のからだの情報を上手に医師に提供できれば、診断はほとんどの場合、診察室のなかで完了します。しかも、その診断やその処置に対しても、医師と患者の双方に大きな不満は残りにくいものです。

## 医師は聞き上手に、患者は話し上手になろう

　では、あなたは医師にどのようにからだの情報を伝えるべきでしょうか。「どうもいつもとちがう」というあなたの五感がとらえたからだの変調は、どんなに精密な検査より、はるかに病気の感度においては優れています。つまり、診断に最も有効な情報はあなた自身がもっているのです。

　言うまでもなく、具体的に客観的に伝える必要があります。「どうも変なんです」では漠然としていて何も伝わりません。「いつからこんな具合か」と問われたら、「随分前です」ではなく、「過去3か月ごとに3回ありました」とか「10年前に同じことがありました」と答えます。痩せたのであれば「食欲がなくひと月に5キロ痩せました」と言う。毎日血圧を測っているのなら、その数値を伝えるといいでしょう。

そして、伝えるべき情報は事前に整理しておくことが肝心です。いざ医師に問われて答えようとしても、自分のからだの感覚をことばに置き換えるのは想像するより難しいもので、少し考える時間を必要とします。あなたが家を出る前に、そのまま医師に手渡せるくらいのわかりやすいメモを用意しておけば申し分ありません。過去の手術歴や「いついつから生理不順」といった、ついでながら医師に知っておいてほしいことなども書き加えておくとよいでしょう。

医師に対してさしでがましいかな、などと遠慮することはありません。よい医師なら、あなたが上手にまとめたメモを見て「こんなこともあったの。じゃあ、このときはどうだった?」とさらに突っ込んだ質問をするでしょう。「このメモをカルテに貼ってもいいかな」と言う医師もあるかもしれません。あなたの働きかけに対して医師がどのような反応を示すかもわかり、あなたにとってよい医師かどうかを見分ける手だてにもなってくれるはずです。

さらに、伝えるべき情報には優先順位をつけておくことです。手短に言う場合はこれ、少し余裕をもって話せるときはこれとこれ、という具合に、伝える事柄を何段階か用意しておきます。あなたの問題リストをつくるのです。

「今日はこのことが一番心配で来ました。ですが、第二、第三番めに気になっていることもあるので次の機会に診てください」とあなたが言えば、忙しい医師はどんなにか助かるでしょう。

それでも医師に十分に伝えきれなかった思いが残る場合には、看護師さんを介して伝えることをお勧めします。

そして、病院での待ち時間をまとめの時間と心得て、上手な自己表現のために最終チェックをしてください。

診察室での医師と患者の会話は、短い時間ながらも、息の合ったキャッチボールのように交わされるのが理想です。患者さんが用意したボールを受けて、医師は患者さん一人では思い出せなかった事柄を引き出すようなボールを返す。その問いに触発されて患者さんはまた新たな情報を提供できるのです。

患者さんのからだにまつわるストーリーの、医師は聞き上手であること、患者は話し上手であることに、私たちはもっと努めなければなりません。

ちなみに、医療において最先端を行くアメリカや英国、ドイツでは、データ本位の医療を反省して、診察室での医師と患者の対話、いわゆる物語りに重点を置く医学、narrative based medicineがいま最も注目され重視されつつあることを付け加えておきます。

よいかかりつけ医との
出会いを
偶然にまかせてはいけません。

## 患者の話に耳を傾けてくれる医師をさがそう

よいかかりつけ医を見つけ、その医師と信頼関係を築いておくことは、あなたの健康管理に欠かせないポイントです。

長いつきあいになるかかりつけ医は、あなたと相性がよいことが何より。見立てがいい、腕がいいという周囲の評判に頼るより、実際に医師にかかってみて、あなたの勘を働かせるほうが確かです。

相性のよしあしは人それぞれですが、患者の話をよく聞く医師を選びたいものです。よい医師は、その対話から診断に有効な手がかりをつかむことに長《た》けています。あなたが医師の前で緊張して、からだの状態をうまく説明できないときにも、「まあ、ゆっくり思い出してごらんなさい」と声をかけてくれるような医師なら、大いに信頼がおけます。

「大丈夫、よくなりますよ」と、医師があなたの肩に手を置いてくれたら、あなたの心は晴れるでしょう。あなたに備わっている回復力もからだ中に湧いてきます。治りのよさも断然ちがいます。そんなさり気ない行為も、医師の技の一つだと私は思っています。それが先にも少しふれた物語りに重点を置く医学です。

私は患者さんと対応するときには、椅子の配置なども気になります。医師と患者が正面に向かい合うように座れば、患者さんはまるで面接試験でも受けているような気分になるでしょう。だから、椅子は少しずらして斜《はす》に置くのです。

がんの告知のような深刻な話のときには、もっと細やかに考えます。部屋の照明は明るすぎはしないか。患者さんの顔あるいは私の顔は少し陰になったほうがいいか。できれば、患者さんの視線の先に美しい花が置かれていれば、なおいい。患者さんが私に、不安やつらい気持ちも含めて何でも話しやすいようにしてさしあげたいのです。

花は、部屋を飾るためにというより、患者さんの心を慰める存在としてそこにあることが望まれるものなのです。

## 自分の限界を心得ている医師をさがそう

かかりつけ医は何科の医師でもかまいませんが、「どんな病気も治せる」と豪語してはばからない医師は避けたほうがよいでしょう。

むしろ、自分の限界をよく知っていて、専門外の病気については気持ちよく他の医師を紹介してくれるような医師が望ましいのです。そんな医師なら、あなたのどんな病気にも相談に乗ってくれ、まちがいのない医療を提供してくれるはずです。

日本の医師は、国家試験さえ通れば、なかには卒後研修*の経験も経ずに内科でも外科でも何科の看板を出してもよいことになっています。たとえばレントゲンの機器があるというだけで、その専門技術にさほど通じていなくとも、レントゲン科と標榜して何らとがめられることはありません。言い換えれば、看板に書かれた診療科目が多いからといって、その医師の能力が高いとは必ずしも言えない。看板はあてにはならないのです。

子どもの病気については小児科の勉強を修めた医師であるかどうかを確認すべきですが、おとなにとってのかかりつけ医は、何科を専門にしているかということよりも、自分の限界を謙虚にわきまえている医師であることのほうが重要です。

＊平成16年から医師の卒後研修が義務化された。

## 患者に制限を強いる医師より、制限を減らそうと努める医師をさがそう

いつでも「あれはだめ」「これをしてはだめ」と制限するばかりの医師も好ましくありません。

自分だったら多少の熱があっても、いつも通りの日課をこなすのに、医師は往々にして患者さんには一切認めたがりません。

あなたにとって、特別な意味のある旅行が目の前に控えていても、「旅行なんかとんでもない」とピシャリ。それが医師にとって無難な処方なのです。旅行を許したがために万が一具合がわるくなったりされたら、抱え込まなくともよい責任まで負うことになります。それは手間ばかりかかって面倒だからです。

病気によって、ただでさえ不自由になったり味気なくなってしまうあなたの生活を、それ以上に制限してしまう医師よりは、少しでもいつものあなたの生活に近いレベルにしてあげられないかと配慮し、そのための手間を惜しまない医師が理想的です。

「熱があって少し心配だけれども、具合がわるくなったらこの薬を飲んで、近くの医師にこのメモを見せなさい」と、楽しみにしていた旅行を無理のない範囲で後押ししてくれるような医師に出会えたら最高です。

## 患者であるあなたは、医師にかかった「その後」を伝える、ちょっとした配慮を

そんなあなたの意向やあなたの日常に配慮してくれる医師には、あなたもお礼を返すべきでしょう。もちろん金品ではありません。医師に診てもらった後にからだの調子はどうなったか、その経過を伝えるのです。

医師はどんな名医でも、どんなときでも、自分の下した診断に不安を抱えているものです。

「風邪だから心配ない」と言ったものの、ひょっとして肺炎じゃないかなと気になっていたりします。そんなときに、「先生、明くる日にはすっかり熱が下がりました」とあなたから電話をもらえば、医師はほっとします。次にあなたと会ったときには、「このあいだはよかったですね」という会話からなごやかに診察が

始められます。医師が忙しそうなら、その後の経過を看護婦さんに話して、先生に伝えてもらえばよいのです。

医師の予想に反して具合が急変して別の病院に入院、というようなよくない経過も、ぜひ医師のために伝えてください。「あんな症状のときには、もっと慎重に診るべきなんだな」と医師は反省し、経験を積むことができます。

私にもそんなありがたい患者さんが大勢いて、そのなかのお一人は長年喘息《ぜんそく》を患っていましたが、ある日旅先から絵はがきをくれました。

「こちらでは案じていた発作が起こりません」、そのひと言で、そうか、あの人の喘息には薬より転地のほうが効くのだなと気づかされたのです。

あなたとの気の利いたコミュニケーションのおかげで、医師があなたをフルネームで覚えたらしめたもの。医師も所詮、人間。身内のように感じる相手をぞんざいに扱ったりはしません。大事にされる患者になるよう努めてみるのも、損はないと思いますが、いかがでしょう。

音楽には、病む人の心とからだを癒す力があります。

## 死の床にあっても、耳だけは聞こえている

赤ちゃんは妊娠7～8カ月のお母さんのお腹のなかで、母親の心音ばかりか外界のいろいろな音を聴き始めます。生まれたばかりの新生児の目は、生後1～2週間もしなければよく見えないのに対して、聴覚は胎児のときからはたらき、そして死にいたる最後の瞬間まで残っています。

死が近くなって、意識もなく、見たかぎりまったく反応を示さない患者さんであっても、まわりの人の話し声や音楽は聞こえているのです。患者さんの耳元にささやく家族の「ありがとう」のことばは、おそらく届いています。好きだった音楽を枕元で流してあげるのも、旅立つ人の心をどんなに和ませるか知れません。

聴覚は人間の能力のなかでもことに優れた、すばらしいものだと思います。そ

して、その能力をあますところなく生かし、かつ享受することを許す音楽の力も計り知れません。

音楽ならば、ことばは音楽の翼にのせられてことばでは伝えきれない思いまで、いともたやすく伝え合うことができます。より心の奥深くに到達しうるのです。音楽的才能のあるなしにかかわらず、人は楽しいとき、悲しいとき、不安なときに、音楽によって心を慰められたり、勇気づけられたりするのもそのためでしょう。

私にとっての音楽もまた、いまも変わらず、生きる力を与えてくれるかけがえのない存在です。

腎炎を病んだために1年近く外で遊び回れなかった10歳のとき、母は私にピアノを習うことを勧めてくれました。以来、若いころには、学び始めた医学の道をあきらめて音楽家になろうかと悩んだこともあるほど、音楽には深く親しんできました。

音楽に心を救われる体験は、それこそ幾度となく味わってきましたが、それでもなお長いあいだ、音楽は、私の趣味の域を出ないものでした。その音楽を医療現場に取り入れてみたいと思うようになったのは10年以上前の1988年、カナダのバンクーバー市の大学病院の緩和ケア病棟（ホスピス）を視察したときにさかのぼります。

## 音楽で病が癒える

そのカナダのホスピスで、がんの末期の男性が、

「これを歌ってほしい」

と、自作の詩を音楽療法士に見せました。死んでいくさみしい思いを、夏の終わりに咲く季節最後のバラの花に寄せた詩でした。音楽療法士は即興でギターを奏で、節をつけて歌いました。

聴いているうちに男性は涙を流し、

「また明日も歌ってください」

と、頼みました。

明日、あさって、しあさってと、間もなく閉じようとする人生に、なお新たな希望の光をその男性は見出したわけです。それは医師にはなしえない癒しの技にほかなりません。

音楽は痛みをも軽くしてくれます。

多量のモルヒネを必要とするがん末期の患者さんが、音楽に包まれることで、薬の量を10分の1にまで減らすことができた例もあります。痛みは主観的なものですから、不安や悲しみ、恐れによって何倍にも増幅されます。心の不安が和らげば、現実に痛みまで軽くなるのです。

眠れない人が、睡眠薬に頼らず音楽だけで眠れるようになったり、人前に出ると声が出ず、手が震えるという極度の緊張のある人も、音楽療法で症状を和らげることができます。

音楽療法士が出会いを重ねるうちに、自閉症の子どもにも奇跡が起こります。1本の指揮棒の片方の先端を子どもがもち、もう片方を音楽療法士がもって音楽を聴いていると、ある日、かすかに子どものもつ指揮棒の端が振動するのです。そこから徐々に、子どもは音楽療法士に心を開くことができるようになりました。

私の患者さんにも、重いノイローゼで外出もままならない女性がいました。ピアニストであったのに、病んで以来8年間もピアノにふれていないと言うので、

「これを批評してください」

と私が以前作曲した楽譜を渡したところ、おそらく弾いてみる気になってくれたのでしょう、

「長年の不幸が癒されました」

と、彼女は見事に病を克服して言いました。

薬でも治らなかった病が、音楽で治るのです。それは患者さん自身の生きる力が、音楽によって引き出され、からだの不具合までも癒すからだろうと思います。

## 心とからだを切り離した、現代医療のまちがい

心が癒されると、からだの具合までよくなることもあれば、その逆もあるように、私たちの心とからだは実に深く複雑にかかわり合っています。心とからだ、どちらか片方だけを診て、それを修復する手立てを講じたところで、患者さんの抱える問題は解決されません。そのことを、古《いにしえ》の人たちは現代人よりはるかによく理解していたと思われます。

２５００年前の古代ローマの時代から、音楽が、人の心ばかりか、からだの不調をも癒すらしいことは広く知られていました。当時の医学レベルは、いまと比

べれば未熟そのものですが、それを補うように、医術のなかにごく自然なかたちで音楽が取り入れられていたのです。

『旧約聖書』には、サウルという王さまのうつ病を、少年ダビデが竪琴を奏でて癒したという話がありますし、似たような話は洋の東西を問わず数多く見られます。


中国の思想家・孔子（前551〜479）も、

「美しい簫《しょう》の調べを聴いていると、ごちそうを食べる楽しみさえ忘れてしまう。簫の音は心を穏やかにする」

と言ったというような話が、『論語』に書かれています。


本来医学は、「病を治す」以前に「患者を癒す」ことを使命としていました。

しかし、現代の医療は、医の本質からどんどん遠ざかっています。

## 治すためなら、患者に苦痛を強いてもよいのか

多くの人の期待に反して、医師が治せる病気というものは、実はそう多くありません。この先どんなに医学が進歩しようとも、「治せる病」はひと握りにすぎないでしょう。「現代医学をもってすればどんな病からも救われる」という錯覚に、医師も患者もとらわれすぎているように私には思えます。

患者さんに検査や注射、手術という苦痛を与えておきながら、「病気を治すためだから、苦しくとも辛抱しなさい」と我慢を強いてよいものでしょうか。

完全に治せる病のほうが少ないばかりか、人間はいずれ死ぬのです。そうであるなら、許された年限を、できるだけ快適に、苦しみが少なく、不安にさいなまれずに生きていくことのほうがはるかに問われてしかるべきです。

予測される副作用が、患者さんのその後の生にどれほどの精神的負担や苦痛を与えるかを十分に考慮せず、病そのものを治すことに心を奪われていてはいけないのです。

音楽療法は、従来の医療が顧みることのなかった癒しの技の一つです。私は1986年に音楽が医療の一つになることを実証するために日本バイオミュージック研究会を起こし、1995年には全日本音楽療法連盟*を同志と共に発足させて、音楽療法の普及と音楽療法士の資格認定の制度づくりを働きかけてきました。しかし残念ながら国家による資格認定にはもう少し年月がかかりそうです。

医学は人間にもっと柔軟に全人的にタッチしなければなりません。癒しの技をも認め取り入れていく度量が、これからの医療には必要だと思います。

*全日本音楽療法連盟は、2002年より日本音楽療法学会として発展、改称。

# Ⅵ

# 死は終わりではない

「ありがとう」のことばで
人生を
しめくくりたいものです。

## 老いてからの死は、苦しまない

これまで私は数えきれないほどの患者さんを診療し、その病を治すことに力を注いできました。その日々のさなかにまた、ゆうに４０００人を超える患者さんを看取りました。

人のいのちを助けることが医学の使命であるとすれば、私は連戦連敗。負け戦を挑んできたようなものです。いのちを救ったつもりでいても、所詮、ほんの少し死を先送りしただけのこと。いずれは病なり事故で、一人残らず死んでいきます。

死にゆく患者さんを前にして、私はいつも医学の限界を知らされますが、そこに敗北感はありません。どんなに最先端の医療をもってしても、死を征服することはできません。いのちに対してますます謙虚になるよりほかありません。

患者さんは自らの死を通して、死がどういうものであるかを私に教えてくれました。無理な延命措置さえしなければ、老いてからの死はあまり苦しまず安らかであることも、患者さんの死から学びました。

死の瞬間はさぞかし苦しいのだろうと誰もが思うようですが、実際は、まだこの程度では死なないだろうというときに最期を迎えます。自分の見通しよりも2割くらい手前、8合目ですでに頂上だと知っておいてください。

## 患者さんの死に学ぶ

死にゆく姿は、その生きざま同様に、一人として同じということがありません。死は各人各様の「生の最後のパフォーマンス」であると、つくづく感じます。

私と大学の同期であり医師であった友は、自分のがんを自分で見つけました。

見舞いに訪れた私に向かって、彼は、

「ひと足お先に行くよ」

と、実にさわやかに片手を上げてみせ、その翌日、73歳の生涯を閉じました。

39歳の誕生日をご主人と病室で祝いながら、

「私まだ若いから、天国で誰かにプロポーズされるかもしれないわ。後に残るあなたのことのほうが心配」

と、ご主人に微笑みとユーモアとやさしい気づかいを残して逝《い》った女性もありました。

また、2人の息子の母であり看護婦であった別の女性は、突然自分を襲った病の重大さを知ると、9歳の長男には16歳になるまでの誕生日のお祝いカードと高校入学祝いのカードの計8通を、7歳の次男には14歳になるまでの誕生日カードと中学入学祝いのカードの計8通の手紙を病床でつづりました。

1分間の呼吸数が10を切った臨終の床で、幼い子どもたちはそれぞれ、

「お母さん9年間ありがとう」

「7年間ありがとう」

と、母親の耳元にささやきました。

残念なかたちで最期を迎える人もいます。若い医師でしたが、主治医に本当の病名を知らされないまま、「だまされた」と、無念のことばを残して亡くなりました。

私がいまもって忘れえないのは、私が医師として初めて受けもった16歳の少女の死です。仏教への信心の深い少女でした。

自分がもう長くないと悟った彼女は、私に母親への別れの伝言を託そうとしました。けれども私は、そのときにいたっては何の意味もない注射を打ちながら、

「死にはしない。しっかりしなさい」

と繰り返すばかりだったのです。

なぜ、

「お母さんには、あなたのことばを伝えますから安心して成仏なさい」と、勇気をもって言えなかったのか。脈をとるその手で、どうして彼女の手を握ってあげられなかったのか。私に、医者としての慢心に気づかせてくれた死でした。

## 「ありがとう」のことばを残して逝きたい

「終わりよければすべてよし」とはシェークスピア（1564～1616）の戯曲名のひとつですが、人生こそ、そのようなものです。納得して死ねるか、さらに言えば、最後に「ありがとう」と言って死ねるかどうかだと、私は理解しています。

地位や名誉は死ねばなくなる。財産も残したところで争いの種をまくだけですが、「ありがとう」のひと言は、残される者の心をも救う、何よりの遺産です。

このひと言の価値を現代医療はもっと顧みなければなりません。少なくとも医師たる者は、死にゆく患者がその人らしい死を完成できるように、苦痛があれば取り去り、最後のことばを交わせるようにすべきでしょう。からだ中に管を差し込まれたままで、どうして、めいめいの死を演じられるでしょう。「尊厳死」を望むかどうかを問うまでもなく、人はみな尊厳をもって人生の幕を閉じるべきなのです。

きのう、私のもとに、10日前に奥さんをがんで亡くしたばかりのご主人から長い手紙が届きました。亡くなった奥さんは「最期を聖路加国際病院で終えたい」と望まれ、死までのひと月を聖路加国際病院で過ごしました。

痛みを取るよりほかに医者として尽くすべき手はありませんでした。せめて音楽が心の慰めになるかもしれないと思い、私は音楽療法士に頼んで、彼女が好きだった曲などを枕元で流していました。

ご主人からの手紙には、

「妻は美しい旋律に包まれ、幸福感に満ちた臨終でした。最高の別れでした」と、おそらくいまが一番つらく悲しいはずでありながら、喜びと感謝のことばがつづられていました。

最高の死は、死にゆく本人の力だけで演じきれるものではありません。家族、友人、医療に従事する者の、深い理解とバックアップが必要なのです。それらがひとつになったとき、死は悲しいにはちがいないけれど、何かさわやかな、あたたかな、いきいきとした、いのちの受け渡しの最高の機会となり、残される者の心にも感謝の思いが生まれるのです。

## 悔いのない死をつくる

リンゴに芯があるように、私たちは生まれながらに「死の種」を宿しています。詩人リルケ（1875〜1926）はそう言いました。

遺伝子に老化のプログラムは刻まれ、死ぬ日が予告されているのです。死は生の一部であり、必然であり、どうにも逃れることはできません。この世に生まれた瞬間が、私たちの死への第一歩なのです。

にもかかわらず、私たちはこのかぎりあるいのちを顧みるどころか気にも留めません。死は私にかぎっては無縁だと、たかをくくっている人が多いものです。やがて老い、一つ二つと病が増えるころになってようやく、人はいのちに限りがあることを自覚します。「病を得る」とはよく言ったもので、健康を失って初めて、生と死を深く考えるときを得ます。

その意味においては、老いもまたありがたいと言えそうですが、老いてからでは遅いのです。青年、壮年、老年の、いついかなるときも、私たちは死に備えていなければなりません。

死に備えるとは、つねにまず死を想い、死からさかのぼって、今日一日をこれでいいかと問いながら生きることです。死は跫《あしおと》をしのばせて突然訪れるかもしれないのです。

先にも述べた39歳でがんのために亡くなった女性は、兵庫県の西宮に住まいがありました。ご主人は奥さんが聖路加国際病院に入院したのを機に上京して、ずっと奥さんの病床に付き添っていました。

入院がひと月にもなるころ、会社を休んだままでは大事なポストがなくなるのではないかと、私は他人事ながら気になって、思いきってたずねてみました。すると、ご主人は、

「会社には、いつまで休むかわからないと言ってあります。会社のために徹夜し休日を返上することは、これから先いくらでもできますが、彼女のそばにいることは、いましかできないのです」

と、事もなげに言いました。

今日一日をどう生きるかは、残り時間の少ない死にゆく人にとっては切実です。けれど、本当のところは、死が遠い近いにかかわらず、誰もがつねに、同じ

重大さをもって、同じ問いを投げかけられているのです。

だからこそ、寿命から逆算して減っていく人生の残り時間を惜しみ怯《おび》えるのではなく、また新たな一日をもらったと感謝の思いで臨みたいものです。そうであれば、いきいきと、潔く、今日という日を生きられるような気がします。

死《し》が何であるかを
子どもに伝えるのは、
おとなの役目です。

## 子どもたちに「死の準備教育」を

10代の若い人たちによる悲しい事件がこの一年あまりのあいだに相次ぎました。いのちを冷酷なまでに軽んじる青年が現れたのはなぜなのでしょう。彼らは、人の生死をどうとらえていたのでしょうか。

思えば、私たちの日常は、死の存在など忘れてしまうほど、死の気配を感じません。

私が子どものころには、夏休みが明けてみると、同級生の一人二人あるいは幼い知り合いの子どもが病気や事故で亡くなっていることがよくありました。玄関先に「忌」と書いた紙を貼り出した家をしばしば目にしました。戦争ではそれこそ大勢の人が死んでいきました。死とはいつも隣り合わせでした。

ところがいまでは、死はテレビや小説のなかにだけ存在するフィクションであるかのようです。日本人のほとんどが病院で死ぬようになってから、よほどの近親者でもないかぎり、死の場面に遭遇することはありません。

いのちあるものにいずれ死が訪れることは頭ではわかっていても、実感はない。人の死によってもたらされる喪失感や心の痛み、その他諸々の感情に、ことに若い人たちは未知です。

これほど死が非日常化したことを見すごしていいはずがないと、私が不安を覚えてから20年になるでしょうか。以来、「死を語る〝死の準備教育〟を子どもに」、と言い続けていますが、なかなか実現にはいたりません。日本には、死を忌《い》むべきものとする意識がいまだに根強いのです。通夜や葬式の後に塩で身を清めるしきたりも生きています。死は不浄なもの、怖いもの、縁起のわるいもの。未来のある子どもに、死を語ったり見せたりするのはとんでもないと、多くの人が思っています。

## 小学6年生に「いのち」の授業をする

一昨年、私は世田谷の和光小学校の6年生に「いのち」について1時間の授業をしました。聴診器を20本用意して、子どもたちにお互いの心音を聴かせたところ、40人のにわか医師たちは、自分たちの心音と私の心音とではピッチや音程がちがうことまで指摘できるほど優秀で、教室は大いに盛り上がりました。

そこで私が、

「鼓動は私たちが生きていることの、ひとつの証。けれど、この生かされているからだは土の器のようなもので、壊れたら、そのときが死ぬとき。齢《とし》をとった私の器はひびもあり欠けているから早く壊れるけれど、いずれきみたちもそうなるよ」

と切り出すと、子どもたちは、

「それじゃ、なんだか生きててもつまらない」

と言います。

ひと渡り子どもたちの感想を聞いてから、

「いのちとは器そのものではなく、器のなかの水であって、いかにきれいな水を満たすかが大事なんだ」

と続けました。すると、

「いままでからだの仕組みや健康のことは何度も教わったけれど、いのちのことを聞いたのは、今日が初めてです」

と言う子どももいれば、

「いのちがなんだか、わかったような気がする」

と言う子どももいる。想像以上の理解力と感受性に、私のほうが驚かされました。

いのちが何であるかを、小学生がたかだか1時間で理解しえたとは思いませんが、いのちについて語りたい、何か伝えたいという私の思いは伝わっただろうと思います。わかろうがわかるまいが、いのちを考える、そのきっかけだけは、できるだけ早くから与えるべきなのです。そうでなければ、子どもたちが初めに言ったように、生きていてもいずれ死ぬのなら「つまらない」ということになりかねません。

## 幼い子どもを葬式や通夜に連れて行こう

私は、子どもに、死にゆくお父さん、お母さん、おじいちゃん、おばあちゃんの姿をありのままに見せなさいと言い続けてきました。子どもにショックを与えることを恐れていてはいけない。子どもの目を覆い、耳をふさぐのではなく、幼いなりに眼前の死を理解しようと苦悩する過程を、おとなはそっと見守ってあげるべきだと思います。死が何であるかを子どもに伝えるのは、おとなの役目です。

孫が幼いころ、私は意識して彼女を通夜の席に伴いました。また、わが家の墓掃除にも連れ出して、めったにない機会だからと、私は墓石をずらして、お墓のなかを懐中電灯で照らして見せました。

「あの空いているところに、じいじが入るんだよ」

と言う私に、5歳の彼女は困ったような顔をする。

「その隣にはママが入るかもわからないね」

と続けるや、

「ママはいや」

とすでに半泣きです。

子どもにも、死んでいく順序というものがわかる。それを意識にのぼらせるのも、おとなの務めです。

## 愛する人の死を想像してみる

いまは、医者や看護婦を志す人であっても、身近な人の死を経験しないまま医療の現場に立つことが多くなりました。その経験のなさを、想像力だけで補うのには無論無理がありますが、死を迎える人、死を見送る人の心を理解できる人であってほしい。そう常々思っていたものですから、聖路加看護大学の授業で、ちょっとショッキングなシミュレーションをしてみたことがあります。

「いま、あなたのお母さんが亡くなった。お母さんの知り合いにその死を伝えなければならない」という想定で、死亡通知の作文を書かせてみたのです。

「いやー」とか「そんなー」と声を上げていた学生が、そのうち神妙になってきて、書き終えたものをみんなの前で読み始めるころには、全員が目に涙をいっぱいためていました。

酷なようですが、こうでもしなければ、死を実感をもって経験することは、いまはとにかく難しいのです。

## 死を明るく話題にしよう

さしあたって、小さなお子さんのいる家庭なら、ペットを飼うことをお勧めします。犬や猫、小鳥、あるいはバラを育てるというのもいいでしょう。いのちあるものに手間と愛情を注ぐ喜び、共に生きている喜びを実感できます。と同時に、失ったときの悲しみも知ることになります。

生きものにはいずれ死が訪れることを、子どもはペットの死を通して学ぶでしょう。コンピュータ上のバーチャルペットが死んだときとは、受ける心の衝撃はちがうはずです。

いのちあるものの死は、悲しいばかりではなく、その後にやさしい思い出を残してくれます。死んでいくいのちが、生きている者の心のなかに生き続けることを知るのです。

子どもや若い人を交えて、日ごろから、死を明るく話題にしてほしいものです。いかに生きるかは、いかに死ぬかなのですから。死から振り返ってみて初めて、今日一日のいのちの重みが知れるというものです。

脅すつもりはありませんが、平均寿命まであと30年などとのんきに構えていても、死は定刻どおりにやって来るわけではありません。

「初めに終わりのことを考えよ」

と言ったレオナルド・ダ・ヴィンチ（1452〜1519）のことばを思い出すたびに、人生のラストスパートは結構若いうちから始まっているのだと思います。

老いも若きも自然に死を語り合えるような成熟した文化が育ったならば、いのちを軽んじるような行動は生まれないだろうと、私は楽観しています。

なぜ人を殺してはいけないのか。
その問いには
答えるのではなく、
共に考えるべきです。

## 「ご臨終です」とは言わない

日本人のほとんどが病院で死を迎えるなかで、医療はいのちをどのように扱っているでしょうか。私はもうずいぶん前から、「ご臨終です」と死の瞬間を告げることをやめました。プツリと途切れたように死を言い表したくはないからです。

患者さんが危篤に陥るころから、私は見守る家族に向かって「だんだんと呼吸が浅くなられました」と言い、「脈はかろうじてふれますが、もう意識はありません」と言います。飛行機が着陸態勢に入って地上にランディングするさまを頭に描きながら、患者さんが死に向かいゆく状況を私は伝えます。瞬間としての死ではなく、ゆっくりと進行する時間の流れのなかに、家族が患者さんの死を共有できるように導いてさしあげたいからです。

そして、まだ心臓が弱く打っているあいだに、つまり患者さんの意識はないけれどたしかに生きているうちに、家族や友人の方にはお別れをしてほしいとお願いします。「お母さん、ありがとう。お世話になりました」と、家族一人ひとりがお別れの挨拶を耳元にささやきます。酸素吸入などはもちろん一切やめて、ただ静かな死を共に過ごすのです。

そうして訪れた平和な死は、何よりも家族にとって、悲しいけれどやさしい死として受け入れることができます。

いまの若い医師たちは、身内の死に出会う経験をもたない人たちばかりです。ですから、よほど感性を豊かにして、医師としては最低限、患者さんの静かな臨終をおかさないよう心しなければなりません。いのちには、明らかに、その人の存在という安易におかすことの許されない重みがあるのです。

## いのちの重みを、子どもたちにいかに伝えるか

一方、死の気配などみじんも感じさせない子どもたちの心のさまは、私にはもっと気がかりです。

「人を殺してはならない」「人を傷つけてはならない」と、この1年あまりのあいだに小学生、中学生たちは何度学校で聞かされたことでしょう。10代の青少年による、いのちをいのちとも思わない凶行が立て続けに起きてからのことです。「人を殺してはならない」という教えは、はるか古代から人々のあいだに伝えられ、すでに人間の自明の前提として了解しているつもりでいました。それをいまあらためて、子どもたちに教え諭さなければならないというのは、世の中のどこかがひずんでいる証なのかもしれません。

それでも子どもたちが「ああ、そうだった」と我に返っていくのならまだいい

のですが、どうも私には、彼らが大まじめに「なぜ、人を殺してはいけないのか」と無言の眼差しを返しているように感じられます。子どもたちは、おそらく本当にわからないのです。

子どもたちに説教を繰り返して、その文言をそっくり覚えさせたところで何になるでしょう。頭でわかったとしても身をもってわからなければ、わかっていないのと変わりありません。一人ひとりの血肉にならなければ、生涯にわたって意味をもちえないのです。

「わかる」と「わからない」のあいだに非常に大きなへだたりがあるということを、私たちは少し考えてみましょう。自明だとは言っても、私たちおとなも、成長するうちにだんだんとわかってきたはずなのです。その道のりがあったことをすっかり忘れて、すでにわかってしまった人間が、いまだにわからない相手に向かって、「人を殺してはいけないのは、わかりきっているじゃないか」と諭したところで、相手にわかるはずはありません。

子どもたちへの教育は、教師がひたすら「教え込む」よりも、むしろ「子どもが自分でわかるように手を貸す」というスタンスに多くの比重を移し変えるべきだと思います。

## 不足する、生身の体験

それにはまず、いまの子どもたちに決定的に不足している、生身の「体験」をもっと増やしてあげることでしょう。それはまちがいなく時間も手間もかかります。こんな体験をさせることに意味があるのだろうかと、おとなとしては不安になるときもあるでしょう。けれど、おとなが子どもと共に試行錯誤し、わかる、わからないを繰り返していくことに、すでに十分、意味があると私は思います。

身内の死に幼いときから立ち会わせるのも「体験」ですし、通夜や葬儀に参列させるのも「体験」になります。それとは逆に、かつて私が小学6年生に「いのち」の授業をしたときのように、心臓の鼓動を聴診器で聴かせるという「体験学習」もあるでしょう。そして、いま私がすぐにでも実行したいと考えているのは、「人のいのちを助ける体験」です。

アメリカのシアトル市は急死する人の数が世界で最も少ないと言われています。この町では、倒れている人を見かけて通り過ぎたり、救急車が到着するまで遠巻きにしているだけということがありません。すぐに蘇生《そせい》術が一般の人によって施されるのです。それは、25年以上前から、シアトルの大学病院で働く人はすべて、医師、看護婦にかぎらず学生も事務職員もボランティアも救命法をマスターしてきたからで、さらにその運動が一般市民のあいだにも広がったからなのだそうです。

人工蘇生術は、10歳くらいの子どもにも十分マスターできます。そこで私は、小学校や中学校にシミュレーターという蘇生術を学ぶための人形を持ち込んでみたいと思っています。心臓マッサージや人工呼吸がきちんとできたとき、シミュレーターの人形はパッと目を開け、息を吹き返したことを知らせてくれます。子どもたちはきっと驚きと感動をもつことでしょう。

人を救える技術を身につけているというプライドがもてれば、人を傷つけたり、ましてや殺すようなことはできなくなるだろうと思うのです。

いのちのかけがえのなさを伝えるのに、なぜそんなまどろっこしいことを、と思われるかもしれませんが、そんなさまざまな体験が層をなして積み重なるうちに、子どもたちは自分自身でわかってくるようになると、私は未来を信じています。

人には
人にふさわしい終末が
約束されるべきです。

## 医療が死を台なしにしてしまう

死が避けられない定めであるのなら、せめて悲惨な最期にはしたくないと誰もが願います。けれど、残念なことに望むような最期を迎えられる人は決して多くありません。

死は人生のクライマックスであるべきなのに、その死の場面までも、医師が患者さんやその家族から無造作に奪い取り、台なしにしてしまうことが多いからです。

病院で迎える死が、家庭で迎える死のように穏やかでないのは、最後の瞬間まで無益な延命措置などの医療を施してしまうことにも原因があります。

病気も末期になると食べられなくなって体力が落ちるものですが、それを補おうとして点滴でせっせと栄養を送ると、そのために幾分延命できたとしても、患者さんは一層つらく苦しくなってしまいます。

死が間近に迫っていて、医療の手の施しようがないのが明らかなのであれば、むしろ栄養は徐々に控えていくべきなのです。そうすれば、まるで木が枯れていくように、自然に、静かに、眠るように死ぬことができます。

2500年も前、プラトンは、

「長生きすることのメリットは楽に死ねることだ」

というようなことを言っていますが、たしかにその通りで、老衰による自然にまかせた死には苦しみがありません。

## 患者さんを苦しませてはならない

いよいよ最期という患者さんに耐えがたい苦痛があれば、私はモルヒネを十分に使って患者さんの痛みを取り除きます。死への不安が大きくて夜眠れないという人には催眠薬を処方して、よく眠れるようにします。そうすることが、患者さんが人間らしい終末を迎えるためにはどうしても必要だと私は思うからです。

人間らしい死とはどのようなものを言うのでしょうか。

それは、死の手前まで愛を感じられる感性が保たれていて、花を美しいと思って見つめ、そのかおりを楽しめて、ほとんど食べられないとしても、ぶどうの果汁をちょっと口に含めば「ああ、おいしい」と味わいが起こる。そうしてさらに、自分のいのちが間もなく終わるその別れのときに、愛する人たちにどんなことばを残していくかを考える知性が保たれている。そのようなものだと思います。

そこには、痛みや苦しみはあってはなりません。耐えがたい痛みは、患者さんの存在をまるごと呑み込んでしまい、患者さんから人間的な知性や感性を奪ってしまいます。

がんの末期にあらわれる激しい痛みも、モルヒネを使えば楽になります。モルヒネはこわい薬だという誤解がいまだに医師のあいだにさえあるのは憂うべきですが、モルヒネは上手にコントロールしながら使えば、患者さんがただ痛みから解放されるばかりでなく、患者さんに知性や感性を取り戻してくれます。

痛みがなくなれば、人は死への恐れからも解放されます。

この耐えがたい苦痛が極まったところに死があるのだろうと患者さんは想像していますから、痛みが激しさを増すほどに、死に近づいているという恐怖感は募ります。

ところが、死を連想させる激しい痛みからまったく解放されてみると、患者さんは自分が「死に向かっている」というよりも、「いまを生きている」という実感を味わえるようになります。生のぎりぎりまで「生きる」希望が湧いてくるのです。

苦しまずにすむ痛みなら、苦しまないほうがいい。それは、間もなく死を迎える自分のためだけではなく、残される家族のためにも、そうするのが望ましいと私は思います。

## 家族との「別れのとき」をつくる試み

私はこの2~3年、がんの末期で亡くなっていくホスピスの患者さんたちに、少し思い切って、別れのときをつくる配慮をしています。

死がもう何時間後かに迫っていることが患者さんの脈や血圧や呼吸から判断されたときには、それまでからだの痛みをとるために使っていた強いモルヒネをいったんやめてみるのです。

そうすると、意識が遠くなりかけていた患者さんがふっと意識を回復して、そばで自分を見守ってくれていた家族の姿に気づきます。

「ああ、みんなありがとう。世話になったね」と、横たわったまま力ない手で奥さんを抱き、子どもを抱いて、最後のことばを交わすこともできます。人間として最高の愛情を最後に示していけるのです。

強いモルヒネを与え続けて、そのまま昏睡状態になって死ぬことになれば、患者さんに肉体的な苦痛はないにしても、お別れというものができません。モルヒネをやめて、もし患者さんが苦しむようなら、すぐにモルヒネを注射すれば痛みは即座に治まります。

そのように備えながら、死に臨む患者さんに対して、無理な延命措置をするのでもなく、まったく医療的に手を施さないというのでもない、人間らしい別れのときを医学的にコントロールする術《すべ》を私は用い始めました。

**きちんと別れることができれば、**
**死もまたやさしい**

延命措置のために家族が病室から追い出され、ようやく招き入れられたかと思えば、「何時何分、ご臨終です」と医師が告げる。動かなくなった死体に家族が取りすがって泣く。それはあまりにも痛ましい光景です。

大勢の患者さんを看取ってきてわかったことは、少なくとも患者さんの心臓がかすかながら打っているうちにしっかりとお別れができれば、家族は肉親の死を穏やかに受け入れることができるということです。そこに訪れた死は、なんとやさしいことかと思えることさえあります。

臨終は大切な別れの儀式なのです。

湿らせたガーゼで唇を拭ってあげながら、家族の一人ひとりがお別れのことばをかけてゆく。「おじいちゃん、ありがとう」と、孫が大きな声で耳元で呼びかける。あるいは「お母さん、聞こえた?」と息子が手を握れば、ぐっと握り返されたように感じる。

患者さんは、もう目を開ける力もない、声も出せない。けれど耳は聞こえていますし、手を握られれば反射的にかすかにつかみ返す力が残っています。

好きだった音楽を耳元で流してあげれば、旅立つ人には慰めになるでしょう。私も臨終のときにはフォーレ（1845〜1924）のレクイエムを流してほしいとリクエストしています。

肉親が息を引き取る瞬間まで、家族一人ひとりのお別れが繰り返されます。ひと巡りして、ふた巡りして、と別れの儀式は続くのです。

そのようにしっかりとお別れをすると、まるで遠くへ旅立つ人を駅で見送るように、いよいよ列車がホームを離れていくときにはさみしく切ないけれど、悲痛ということはありません。もう十分に見送ったな、という気持ちに満たされて、いよいよ訪れた死の瞬間にわっと泣いて取り乱すようなことがありません。

「これでお別れのときになりました。でもみなさん、お別れができてよかったですね」

ということばが私の口から自然にこぼれるのです。

## すべての人に死があり、ターミナルがある

ターミナル・ケア（終末期におけるケア）とは、この世を去る人と見送る人の双方にとって、人間らしい、人間にしかできない別れのステージを用意することであるように思います。

砂時計の砂が容赦なくさらさらと落ちて、もう残り少なくなっている。それがターミナルの患者さんの置かれている状態です。その患者さんに医師としての私がさしあげられるものは何かと言えば、私の寿命、私の時間です。私のことばと心です。点滴や無益な延命措置ではありません。

患者さんの減っていく砂に私の砂を足して、一緒に落ちてゆく。そうすれば、患者さんの心にせめてしばらくは寄り添うことができます。

患者さんに捧げる時間が多ければ多いほど、私は本当の意味で長生きをしたこ

とになります。そのために長生きをしたいとも思ってきました。それが医療というプロフェッションにたずさわる者へのむくいです。それを望んで、私も医師になったのです。

すべての人に死があり、ターミナルがあります。やがて死を迎える者として、あるいは見送る者として、どのように死に心構えをし、また人間として望まれるよい最期を迎えるために何をすればよいのか、私たち一人ひとりが考えなければならない問いです。

なぜ医師になったのか。
どんな医師だったのか。

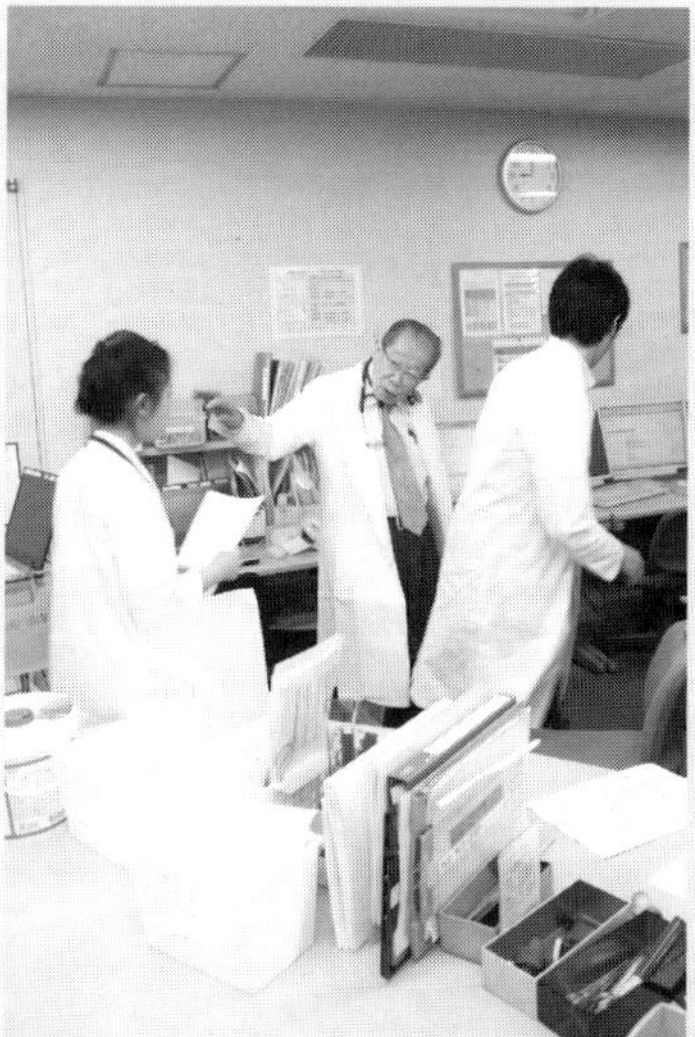

朝、若い医師たちとミーティングを行い、指示を出す。

## 負けず嫌いでした
## 受験するなら最難関の医学部を、と思ったわけです

私が10歳のときに、母が仮性尿毒症で死にかけました。牧師の家ですから貧しい。おまけに6人の子どもと祖母もいる。そんななか、わが家のホームドクターだった小児科の先生が診療代もほとんど取らずに母を往診してくれました。「この先生に母は救われた」と思ったら、医者になるのもいいかな、と。それが医者になるきっかけになったと言えばそうでしょう。

けれど、そこから医師への道をまっしぐら、というわけでもないのです。受験のたびに進路には迷いました。文学が好きで仲間と同人誌もつくっていましたし、三高時代には京大の哲学の田辺元教授の講義にもぐりこんだり、音楽も独学ですが好きでしていました。何が何でも医者に、とまでは正直なところ思っていませんでした。

私は小さいころから負けず嫌いの性格で、勉強でもスポーツでも1番でないと嫌でした。「きんとき」とあだ名されるくらい人前に出るとすぐ顔を赤らめるくせに我の強い子でした。

そして大学受験。ねらうならいちばん難しい京大の医学部をめざそう、と。だめなら文学部の哲学科でもいいか、というくらいの気持ちでいました。幸いに第一志望に合格したのです。

「よし、これで僕は医者になるという将来が決まった。そうとなったら、さらに上をめざそう、京大の医学部の教授になってやるぞ」

と意気込んでいた矢先、医学部1年の終わりに結核を患ってしまいました。

いったい、いつになったらベッドから起き上がれるのか、熱が下がるのか。この先よくなるのかわるくなる一方なのか。どんどん同級生に引き離されていくようで、からだはもちろんひどく痛むのですが、精神的にもひどく落ち込みました。

結局、8カ月のあいだは高熱が続き、絶対安静で、トイレにも立てませんでした。

ようやく回復して、医学部に復学しましたが、何か吹っ切れないのです。講義に出ても依然としてからだは痛むし、自分には医者という激務は無理かもしれないと思ったり、しばらく不運を引きずっていました。「不運」としか、あのときの私には受け止められなかったのです。

## 絶対安静の病の1年
## 「病んでよかった」と気づいたのは、医者になってからでした

けれど、ものごとは受け止めかたひとつで変わるものです。

「あの1年は失ったたんじゃない、いや、神の恩寵《おんちょう》だったんだ」と思うようになったのは、医者になってからです。あの1年がなかったら、私は病む人の心はわからなかったでしょう。医学のことは先生に教われますし、教科書にも書いてあります。けれど、病気になった人の心の内は、体験しなければわ

かりません。私は留年して大損したと思っていましたが、医者にとってこれほど得なことはなかったと、後になって気づきました。

3カ月も4カ月もベッドから起き上がれない患者さんに、病気ひとつ知らない健康そのものの医者が「がんばりなさい」と声をかけたところで、何か他人事《ひとごと》のようにしか聞こえないでしょう。幸いにして私は自分が病んだから、患者さんと心を通わせることができます。

患者さんの手を握り、あるいは肩にポンと手を置くだけで、私の気持ちが患者さんに伝わっていく。「治してあげるから我慢しなさい」ではなく、「あなたの痛みを一緒に耐えましょう」という気持ちなのです。

私はよく若い医学生や看護師たちに、

「きみたち死なない程度に病気しなさい」

と、勧めるのです。いまは医学も進歩しましたし、予防も行き届いているので、歯痛の経験さえない医学生や看護学生が圧倒的です。それは実際のところとてもまずい。困ったことだと思っています。

大学で1年出遅れたから、私はあの時点でいわゆるエリートコースはきっぱりあきらめました。これからは自力でやってやろうという覚悟も決まりました。

「民間病院でいったい何ができる」

「箱根の山を越えたら東大閥だ。やめておけ」

という京大の医局の先輩たちの助言をよそに、昭和16(1941)年の7月に東京の聖路加国際病院に赴任しました。

まったく、それもこれも病気の1年があったからこそなのです。

## 人生の師オスラーに出会って私は、本当の臨床医とは何かを知りました

聖路加国際病院は、明治35(1902)年、米国聖公会の宣教医師、R・B・

トイスラーにより建てられました。私が内科医として赴任したその年に太平洋戦争が始まりました。私は肺に結核の陰影があったため召集免除となり、終戦まで東京の爆撃のなかを診療に追われて過ごしました。

終戦直後に、私たちの病院もＧＨＱ（連合国軍総司令部）のマッカーサー元帥の司令で、全館がアメリカの第42陸軍病院として接収され、その状態が昭和31（１９５６）年まで続きました。私たちは近くの外来診療所で診療活動を続けていたのですが、軍病院に医学図書室ができたということを知り、私は病院長に頼んで、そのライブラリーに出入りできる許可書を得ました。ライブラリーには戦争中、日本に輸入されなかった書籍や医学雑誌がどっと入ってきていました。私はむさぼるように、それを夜遅くまで読みました。

そうすると、「オスラーはこう言った」というくだりが、いろいろな文献に出てくるのです。関心を引かれて調べてみると、なるほどすごいことを言っている。いままで学んできたドイツ医学とはまるで感じがちがう。目からうろこが落ちる思いでした。

ウィリアム・オスラー（1849～1919）はカナダ生まれで、アメリカのジョンズ・ホプキンス大学の医学部をつくり、アメリカのレジデント（有給の研修医）制をつくった教育熱心な内科教授で、彼の内科書は世界の6カ国語に翻訳されていました。私がオスラー教授の名前を知ったときはすでに故人でしたが、アメリカでは知らない人がいない、アメリカ医学の発展に寄与した一人です。私が医者になってよかったと心から思えたのは実はオスラーの生涯を知ってからのことで、オスラーを知って私は本当の臨床医とは何かがわかったのでした。

アメリカ医学は、ひと言で言えば、患者を非常に尊重します。医者と患者の関係はあくまで対等です。医者は、病む「臓器」ではなく、病んでいる「人」を診るのだから、人間に深い関心をもつ――そのためには、愛がなければ臨床医はつとまらない、とオスラーは言っています。

私が1年間病気をしたことも、学生時代に文学や哲学や音楽に心魅かれて進路に悩んだのも、すべて、よい臨床医になるにはむだではなかったと言えそうな気がします。数学や物理だけよくできても、よい医者にはなれないのです。オスラーは、医学は科学に基礎を置く技《わざ》――アートだと述べています。

## 臨床医として一から出直そう
## すでに私は39歳、遅い再出発でした

アメリカ医学をこの目で見たい。念願がかなったのは昭和26（1951）年、私はもう39歳になっていました。そんな年齢にもかかわらず、留学した1年は毎日身長が伸びているのじゃないかと錯覚するくらい、知的に成長しているという実感は生々しかったです。世間からすれば随分と遅い、知的青春です。

アメリカの医療の水準は想像していた以上で、日本の半世紀先を行っていました。

日本の医者はお粗末な臨床能力しかもっていないのに、患者には大層えらぶっている。自分もその一人だと思うと、身の縮む思いでした。あれも知らない、これもできない。そんな恥は留学中たくさんかきました。

留学先のエモリー大学ではポール・ビーソン内科教授に直々にお願いして、朝7時から夕方6時まで教授にぴったりとついてまわりました。夜は深夜まで病院に一人残って、昼間見聞きしたことを頭にたたき込みます。からだを壊さないぎりぎりというところだったでしょう。とにかく寝る間も食べる間も惜しかったのです。

アメリカ医学に出合って、私は本当の臨床医として、また一から出直そうという気持ちになれました。人生のどこに道しるべがあるかわからないものです。

「アメリカで学んできたことを、自分だけのものにして終わらせてはいけない。これは日本の医療全体にかかわることだ」という気持ちが、帰国してから一段と強くなっていきました。それは個人的関心事というより、使命という思いに近いものでした。そこで早速、アメリカのよいところはどんどん見習おうと、聖路加国際病院に次々に新しい提案をしていったのです。

「アメリカ、アメリカってかなわないよ」

と同僚に陰口されても、ひるみませんでした。そんな私を、当時の橋本寛敏院長が陰ながら強くバックアップしてくださったことを、いまもって感謝しています。

日本の医師の臨床能力を上げる、そのために医師の教育を見直すべきだ、というのが当時からいまも変わらない私のテーマです。

学部教育ももちろんですが、医師というのは、むしろ大学を出て臨床を積んでいくうちに成長するのです。私が若いときより少しはましな医者になっているとしたら、それは大勢の患者さんに育てられたからですし、患者さんの死について言えば、4000人もの死に立ち会えたからです。臨床医は、患者の最期の場面で最も真価が問われます。よい医者に看取られた患者は楽に死んでいける、と言われているくらいです。

そういうことは大学の講義では学べません。臨床という現場に立って体験するしかないのです。聖路加国際病院を日本一の教育病院にしたい、という意気込みが、当時から変わらず私にはありました。

いまなお日本とアメリカの医療の差は、残念ながら10年近くの開きがあります。どんな変革をするにも、日本は実現までに時間がかかりすぎるのも問題です。「インターン（卒後研修）制度を廃止してはいけない、むしろ質と量を充実させるべきだ」と私が一人でがんばったのは、まだ50代のころでした。やっと平成16（２００４）年度から、卒業後2年間の研修が義務化されたのです。

「〝成人病〟ということばでは誤解を招く。むしろ、自分の習慣がつくる病気だということを明らかにするには、〝習慣病〟と呼んだほうがふさわしい」と提案してから、実際に生活習慣病と呼ばれるようになるまでにも、20年かかりました。

医療や福祉、教育の改革には、もう政府や学会や医療関係者を動かすより、国民を動かしたほうが早いな、というのが、このところの心境です。

幸いにして齢をとればとるほど、気兼ねをせずに、言いたいことを何でも言えるようになってきます。まだ若い人たちはたとえ心には思っていても、自分の前途が脅かされかねない発言はなかなかできません。私が代わりにどんどん言っていくつもりです。何ものをも恐れずに。

## 悲しみも苦しみも、そのさなかはつらいけれど後になって、人生における、その意味がわかります

長く生きていると、とんだハプニングにも遭うものです。

昭和45（1970）年3月、福岡であった日本内科学会に行くために乗り合わせた飛行機が、よど号でした。機内で赤軍派の若者9人がいきなり抜刀したので

す。何が起きたのかわけもわからないまま、とっさに自分の脈をとっていました。つくづく私も医者なのです。なるほど、いつもより速い。手のひらは冷や汗でじっとりです。

こうして、韓国の金浦《きんぽ》空港に着陸してからの３晩４日、機内に拘禁されました。赤軍派は全員ダイナマイトを持参していましたから、彼らがやられるときは自分たちも死ぬときです。そんな状況下のストレスは相当なものだったはずですが、いま思い出そうとしても、あの恐怖感は再現できません。

どんな悲しみも肉体的な苦痛も、それが何事もなく解消されると、もう痛みは実感できません。私が体験した、たくさんの悲しみや苦しみは、いまになってみると、みな明るい悲しみ、明るい苦しみに変わっています。もう追憶でしかないのです。

そうして、むしろそんな悲しみを過ごしたからいまがある、とか、あの苦しみのおかげでこんなに得るものがあった、とさえ言えるようになっているのです。

「そのとき」にはわからないけれど、「後」になると、なるほどあれが私をつくったんだ、と思えるわけです。それが齢を重ねるよさでしょうか。

ハイジャックから生還して、これからのいのちは与えられたものなんだとつくづく気づきましたし、地球はなんと美しいことかと実感しました。ハイジャックに遭わなかったら、そこから先の人生を、自分のためよりむしろ他人の役に立って過ごしたい、とも思わなかったかもしれません。

人生にむだというものはないもので、しかし、後にならないと、その意味がわからないということがたくさんあるのです。つらいことでも苦しいことでも、「体験」したことは、まちがいなくその人の強みになります。

100年を超えて、
なお生きる。

2011年5月、東北へ向かう新幹線に乗り込む。

## 東日本大震災から、世界平和の芽が吹き出ました

100年を超えるこの人生で、私はたくさんの歴史的な出来事に遭遇してきました。11歳のときには関東大震災（大正11年）、被災して船で神戸港に逃れてきた人々を目の当たりにしましたし、真珠湾攻撃があった年に聖路加国際病院に赴任し、物資が乏しくなり空襲警報が毎日のように鳴るなかで診療を続けたこともはっきりと覚えています。もっと最近の出来事で言えば、1995年には地下鉄サリン事件による急患640人すべてをこの病院で受け入れましたし、2011年3月11日にはあの東日本大震災を経験しました。

3月11日——、その日も私は病院の理事長室で仕事をしていました。大きなゆれを感じ、ヘルメットをかぶって机の下にかくれたものです。その後、津波による大きな被害や福島の原子力発電所の事故を知って、いてもたってもいられなくなり、5月、NHKのカメラ班3名と嫁を連れて宮城県南三陸町を訪れました。

その光景は想像を絶するものでした。

私の視界のなかには、津波に襲われた病院もありました。ベッドやエックス線の機械までもが窓から押し流されており、多くの患者さんやスタッフが亡くなられたと聞きました。私は立ち尽くし、失われた方々の霊に祈りを捧げました。

私は、大自然の威力に驚愕《きょうがく》し茫然《ぼうぜん》とするとともに、その後訪れた避難所で出会った人々の力強さにも驚かされました。みなさん、予告もなしに突然現れた私を、「日野原先生！　来てくださるなんて！」と大歓迎。医師として、みなさんの診察をしたり、日々のようすを聞いたりするうちに、みなさん車座になって話を始め、特に女性たちが目を輝かせながら、口々に「先生、私たちはがんばりますよ」と話してくれたのです。

私は「もつべきか、あるべきか『To Have or To Be?』」ということを問題にした精神分析者のエーリッヒ・フロム（１９００〜８０）を思い出しました。被災された方々は、多くのものを失いました。家、仕事、暮らしそのもの……。まさに「Have」を失ってしまわれたのです。しかし、「がんばりますよ」と言った女性たちの力強さ。あれこそは「Be」、人間のあるべき姿であったと思います。

そして、この大災害を機に、世界中の国々が、日本を支援しようと手を差し伸べてくれました。これこそ忘れてはならないものです。絶えまなく紛争を起こす国がある一方で、他国の苦難を見過ごしにしないやさしさをもつ国もある。ひとつの国が両方の顔をもっていることもある。日本には、この、平和といのちを尊ぶ側面をもち続けてほしいと私は願い、行動するのです。

「新老人の会」東北支部の宮城フォーラムで。被災した宮城県塩釜市の「ゆずりの葉少年少女合唱団」の子どもたちと。

## 与えられたいのちを返してゆく

　私が人生後半の時間を、与えられたいのちを誰かの役に立つように使いたいと考えるようになったきっかけは、私が3晩4日の金浦空港から無事、東京の自宅に帰ったときの感動でした。家に届いたたくさんのお見舞いの花を前に、私の妻、静子はこう語りました。

「いつの日か、いづこの場所かで、どなたかにこのうけました大きなお恵みの一部でもお返し出来ればと願っております」

　よど号ハイジャック事件で囚われの身となった私を気づかってくれた、たくさんの友人知人にあてて、私がつづった礼状にも、妻はそう書き添えてくれました。ものしずかで、表に出ようとはせず、まわりを立てる女性でしたが、私はそのようなことばを書く彼女にあらためて尊敬の気持ちを深くしたのでした。そして、まさにそのことばのとおりに生きたいと、自分を鼓舞し続けてきたのです。

思えば、家のなかのことや子育てをすべてこなし、しかも私の仕事も献身的にサポートしてくれた賢い女性でした。私の身だしなみを気づかってくれたり、出版社に渡すための原稿の口述筆記、さらには44歳で車の免許を取って私が病院へ通勤するための送り迎えまでしてくれたのです。

夜遅くまで書斎で仕事をしていると、静子がインターホンでお茶が入りましたよ、と声をかけてくれることもありました。いただきもののケーキをふたりで分け合いながら、一緒にコーヒーを飲む。いま思い返すと、なんとしずかで幸福な時間であったかと思います。

いま、妻は聖路加国際病院に入院しています。20年前に右肺にがんが発見され、それを切除したのですが、1年ほど前自宅で、今度は左肺のほうが気胸を起こして呼吸困難となり、聖路加国際病院に救急入院し、まだ入院が続いています。

毎日私は、妻の病室を訪れます。しかし、私は、妻に対しては主治医ではありえないのです。医学的な処置をほかの医師やナースに指示することはできますが、気持ちが、違うのです。ほかの終末期にある患者さんに対しては、「僕もいつ天国にゆくかもわからないから、またあなたに会いましょうね」と話すことができても、妻に向かってそういうことを話す気持ちにはなれません。

いつもそっと私を支えてくれる妻でした。だからきっと、私の最期には「パパ、あまり無理しないでおやすみなさいよ」という静子の声が聞こえると思います。そして、その声に対し、私もまた、

「僕らは本当によく働いたし、よく遊んだし、まわりにはいろんなことがあった。それはどんなに楽しかったことだろう、どんなにしあわせだったことだろう」

と答えるでしょう。これは、私が脚本を書いたミュージカル『葉っぱのフレディ』に出てくるせりふです。私たちの人生をしめくくるにはぴったりのことばだと思います。

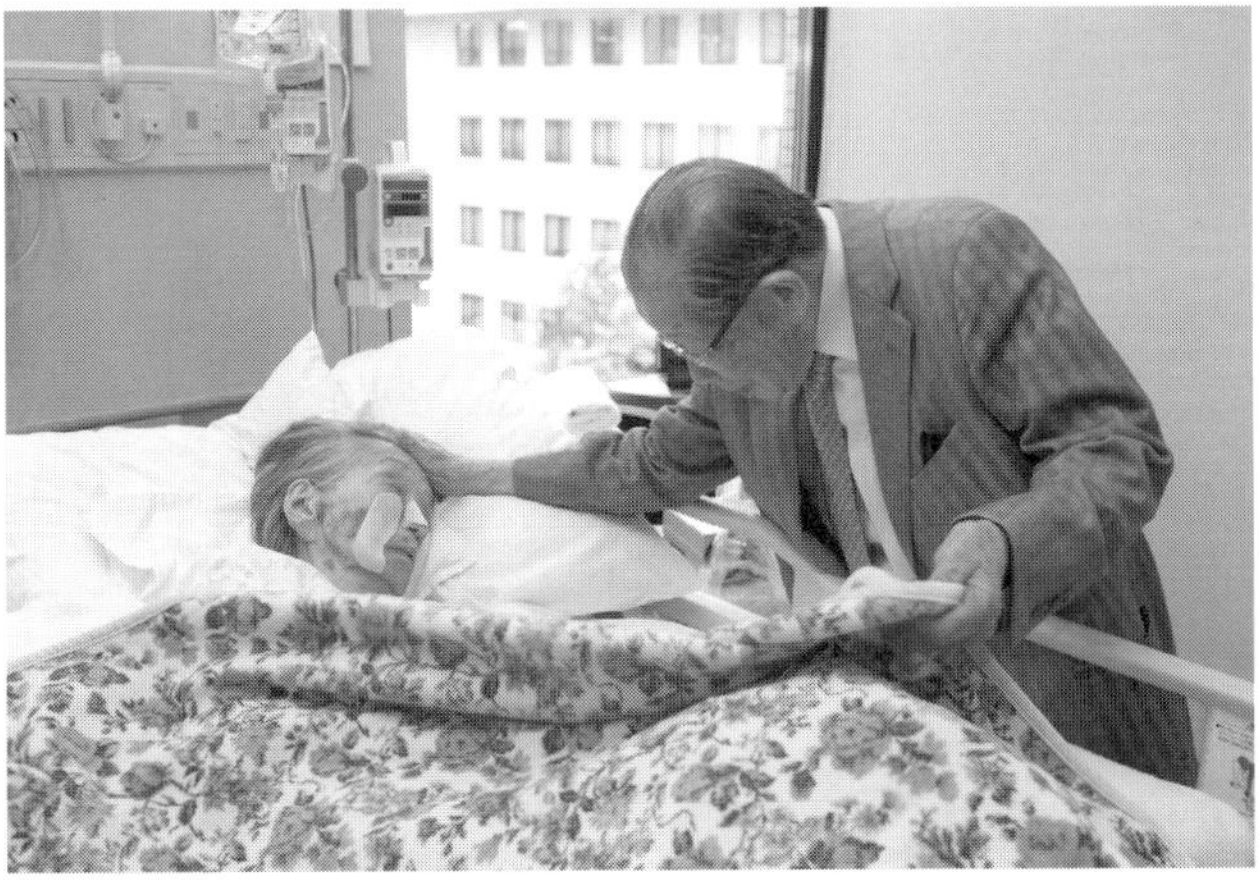

聖路加国際病院の病室に、
妻・静子さんを見舞う。

## 死を目前にしているあなたへ

私はこの連載を始めるとき、本当は「死にかた上手」について語りたかったのです。

死は目をつぶって拒否しても、必ずいつかはすべての人のうえに等しくやってくるものです。だからこそ、いのちにはかぎりがあり、そのかぎりのなかで精いっぱい、よりよく生きるために、哲学があり、宗教や道徳があるのです。

いま、もしあなたが死に対して不安や恐怖をもっているのでしたら、こう考えてみてください。死は、あなた一人だけに訪れる特別なものではない——太陽が地平線からのぼり、朝が来て、そしてまた夕方になる——そういう自然の理のひとつなのだ、と。大きな自然のなかに、自分もいるのだと思えば、ひとりぼっちで死んでいくとは思わずにいられるのではないでしょうか。

大自然のなかでかよわく咲いてしぼむ一年草と同じように、私たちも、自分たちの力ではどうすることもできない大きな宇宙のルールのなかで、波に揺られているようなものなのです。

世のなかにはたくさんの宗教がありますが、きっと、突き詰めれば、こんなことを私たちに伝えたいのだと思います。私たちはみな、偉大な力のルールのなかにあるのだと、気がつくようにしてくれているのでしょう。たとえ特定の信仰をもたずとも、このことに思いいたれば、気持ちが安定して、この身を偉大なる力にまかせようという気持ちになれます。

最期のときにおいて、私は何を思うでしょう。もっと生きたかった、もっと名声がほしかった……。たぶん、そうした欲望はなく、周りへ感謝の気持ちを伝えたいと希望するでしょう。「ありがとう」という実感と、未知の世界に入ってゆく夢のなかで、大好きなフォーレのレクイエムの音楽のイメージに導かれて、意識が消えてゆく。もしそれが可能になれば、私は最後まで生き切ったといえると思います。

死ぬときにかたわらにやさしく介護する身内や友がいなかったり、できなかったことを悔いるばかりでは、その人生は満足のゆくものとはいえないでしょう。愛する人たちに見守られ、「ありがとう」と感謝のことばを残して逝くことができれば、その人自身はもとより、残される人たちも、悲しみのなかでもいのちが受け渡されたという充足感を得ることができるでしょう。

シェークスピアの戯曲にもあるように「終わりよければすべてよし All's Well That Ends Well」です。

それにしても100年以上も、よくも生かされてきたと思います。このことにはどう感謝していいかわかりません。できうれば、一人でも多くの若い人が、私のように生きたいと思ってくれれば、それはことばに尽くせぬ喜びです。

## 日野原重明（ひのはら・しげあき）

1911年山口県生まれ。

1937年京都大学医学部卒業。同大学院修了後、1941年聖路加国際病院に内科医として赴任。内科医長、院長代理、院長を経て学校法人聖路加国際大学名誉理事長、聖路加国際病院名誉院長、一般財団法人ライフ・プランニング・センター理事長などを歴任。

予防医学、終末期医療の普及推進などに貢献。「生活習慣病」という言葉を生み出すなど常に医療の変化の先端を走り生涯現役を貫いた。医学・看護教育の改善にも尽力。次世代に平和といのちの大切さを伝える「いのちの授業」を全国の小学校で展開。長年の功績が認められ1999年文化功労者。2005年文化勲章受章。2017年7月18日逝去。

著書に『死を越えて』『僕は頑固な子どもだった』（ともにハルメク）、『十歳のきみへ』（冨山房インターナショナル）、『いのちを育む』（中央法規出版）など多数。

# 生きかた上手 新訂版

２０１３年４月30日 第１刷発行
２０１９年３月12日 第６刷発行

著者 日野原重明
発行人 宮澤孝夫
編集人 山岡朝子
編集 岡島文乃
撮影 中西裕人／島﨑信一
装丁 野本奈保子（nomo-gram）／丹羽朋子
発行所 株式会社ハルメク
〒１６２-０８２５
東京都新宿区神楽坂４-１-１
http://www.halmek.co.jp
電話０３-３２６１-１３０１（大代表）
印刷 凸版印刷


ISBN 978-4-908762-01-7
乱丁・落丁本はお取替えします。
定価はカバーに表示してあります。